THIS BOOK IS WRITTEN BY

_____

OUR BEST FUNNY TIME IS

_____

_____

_____

_____

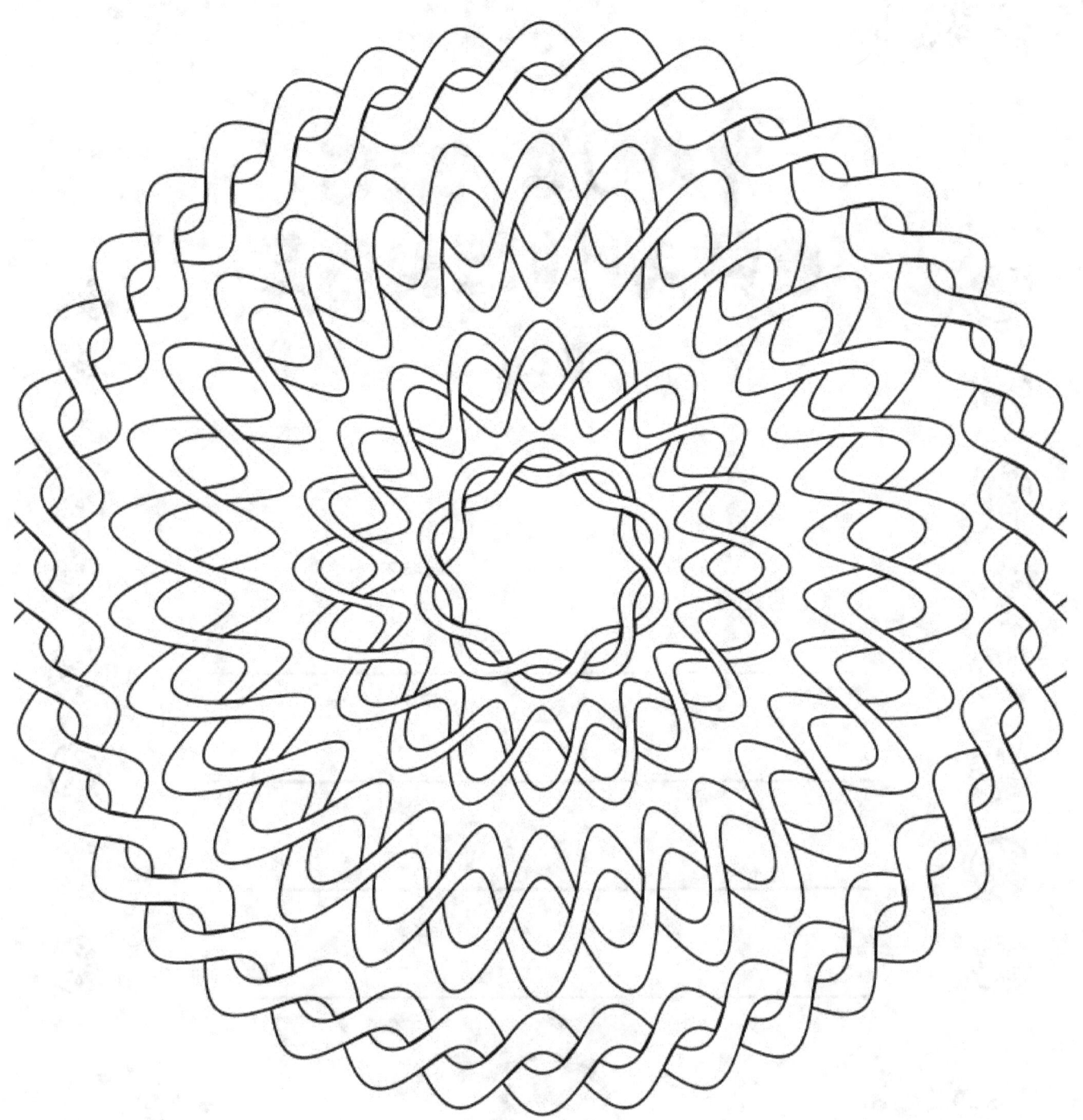

YOUR BIG CHALLENGE IS

_____

_____

_____

_____

Your big challenge is

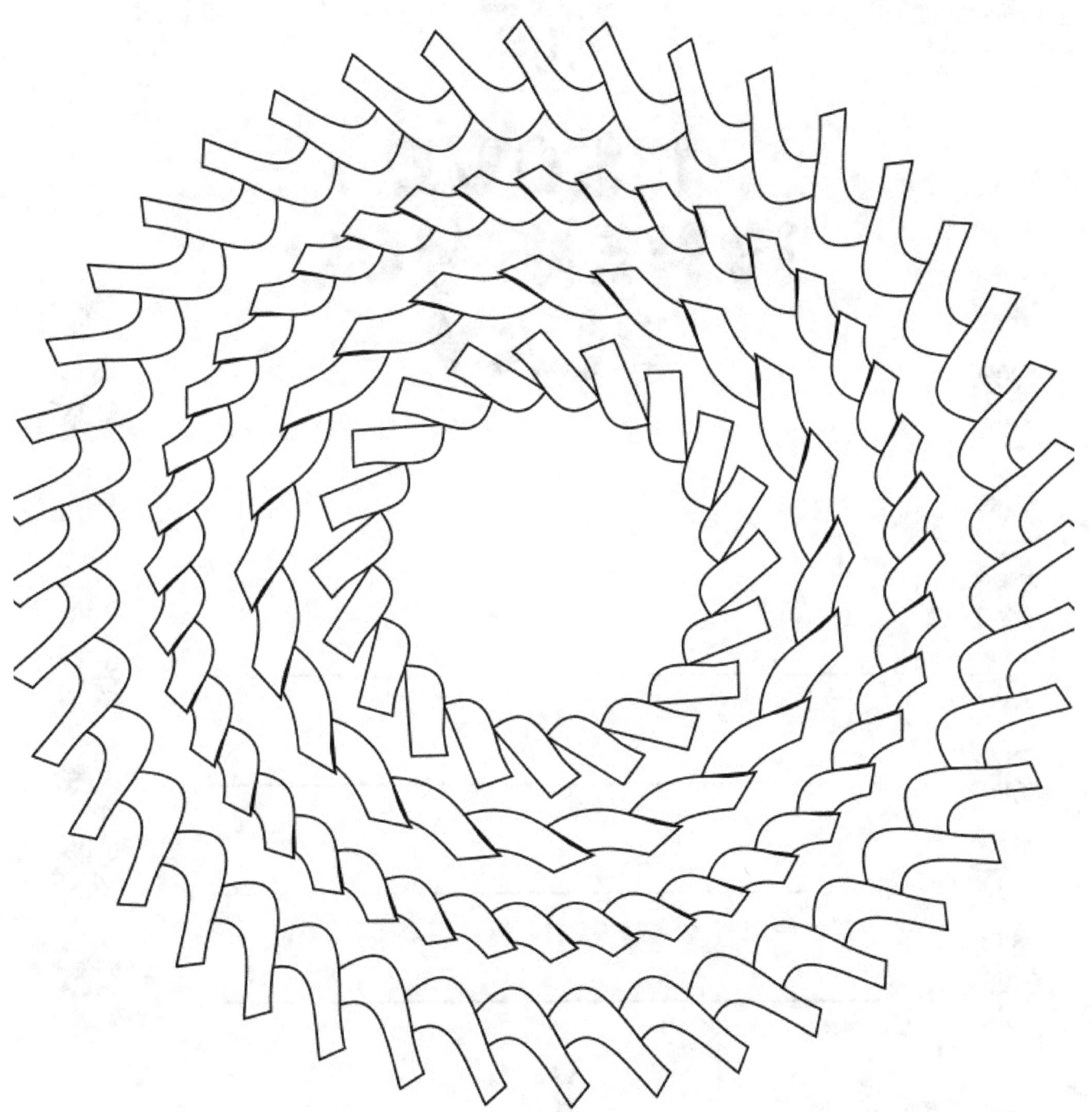

I LOVE WHEN YOU PLAY

_____

_____

_____

_____

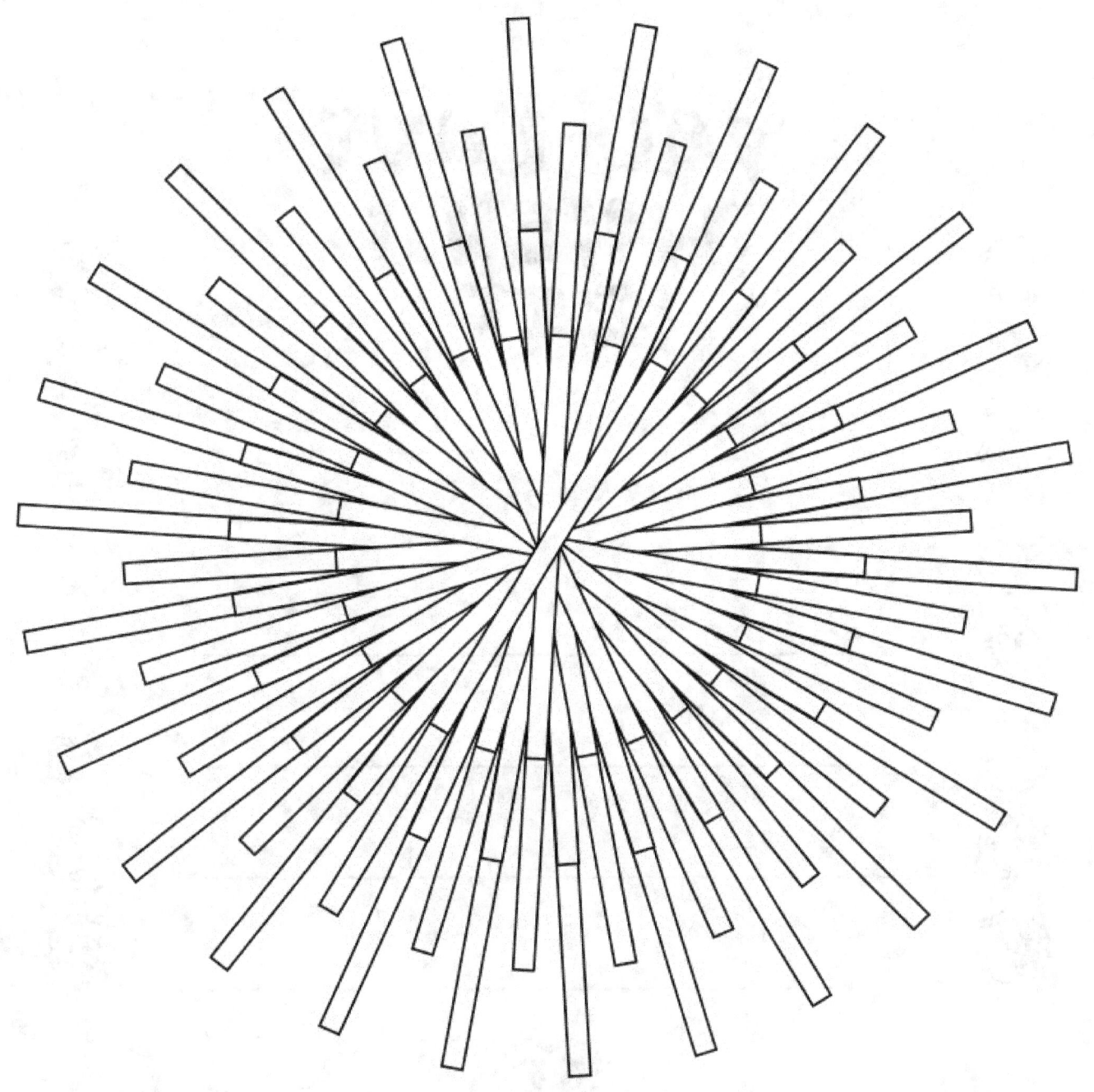

YOU LOVE WHEN I EAT

_____

_____

_____

_____

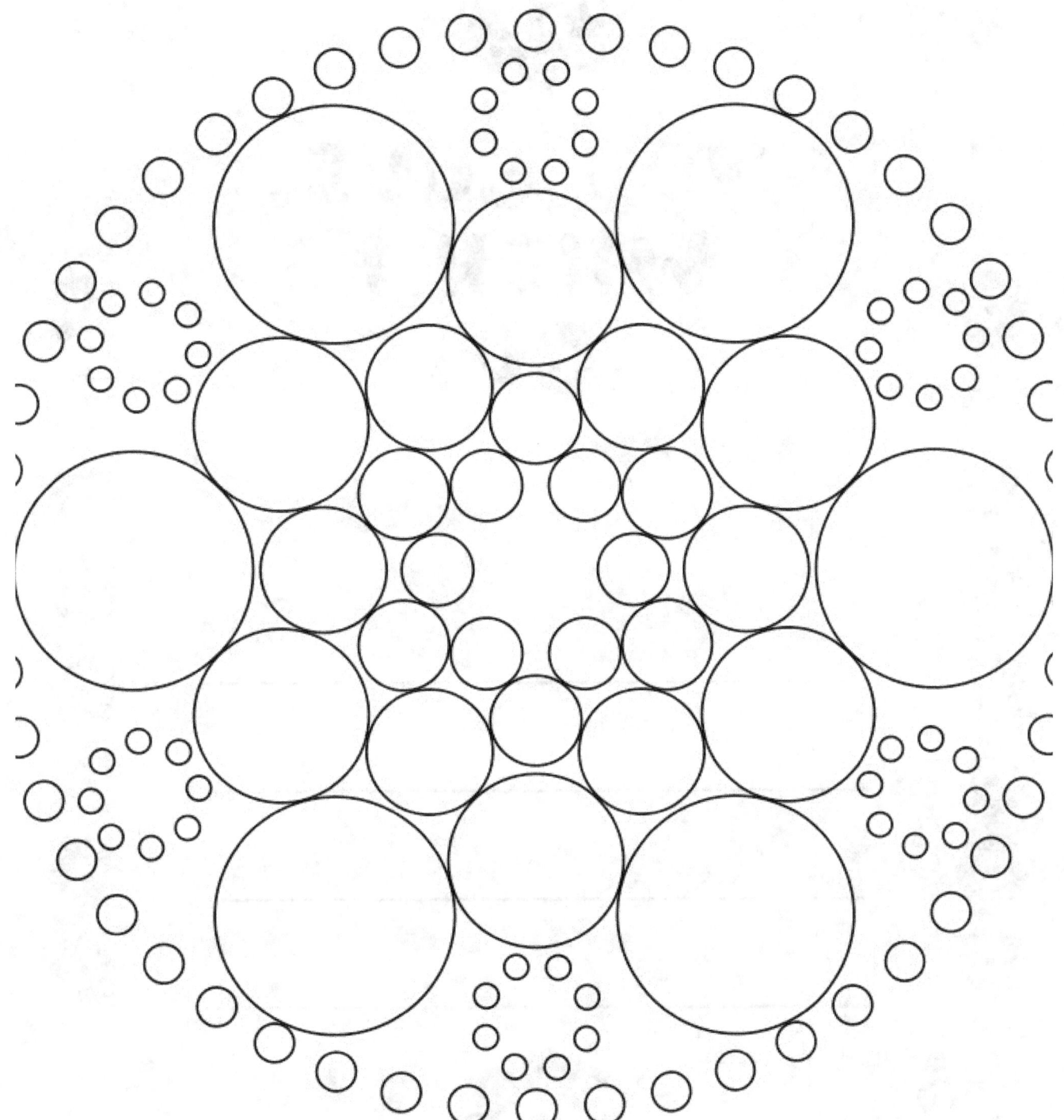

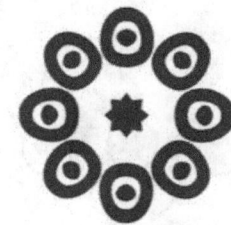

YOU LOVE WHEN I GO

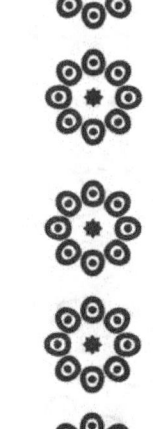

_____

_____

_____

_____

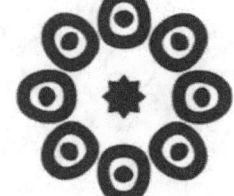

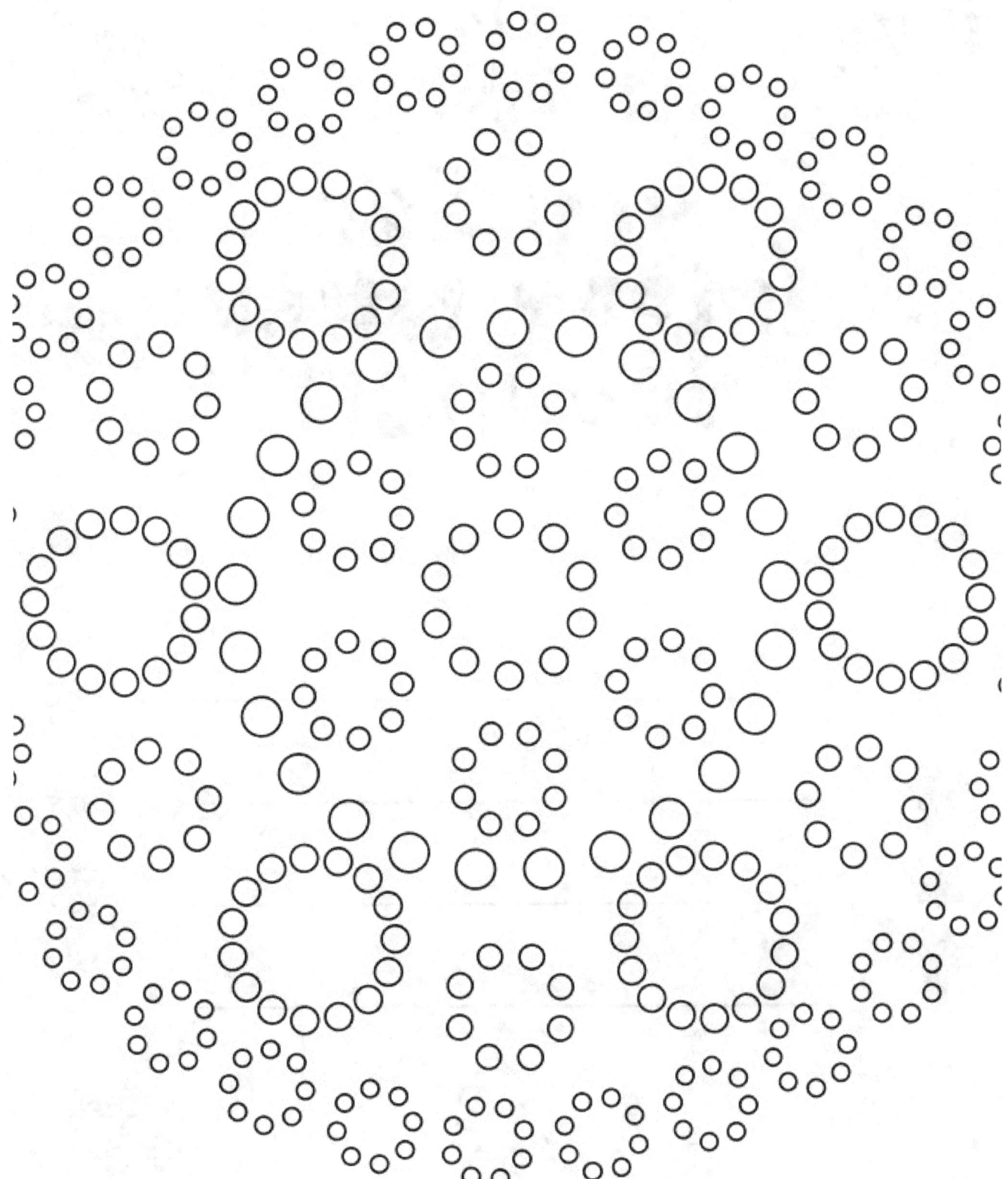

YOU ARE HAPPY WHEN YOU VISIT

_____

_____

_____

_____

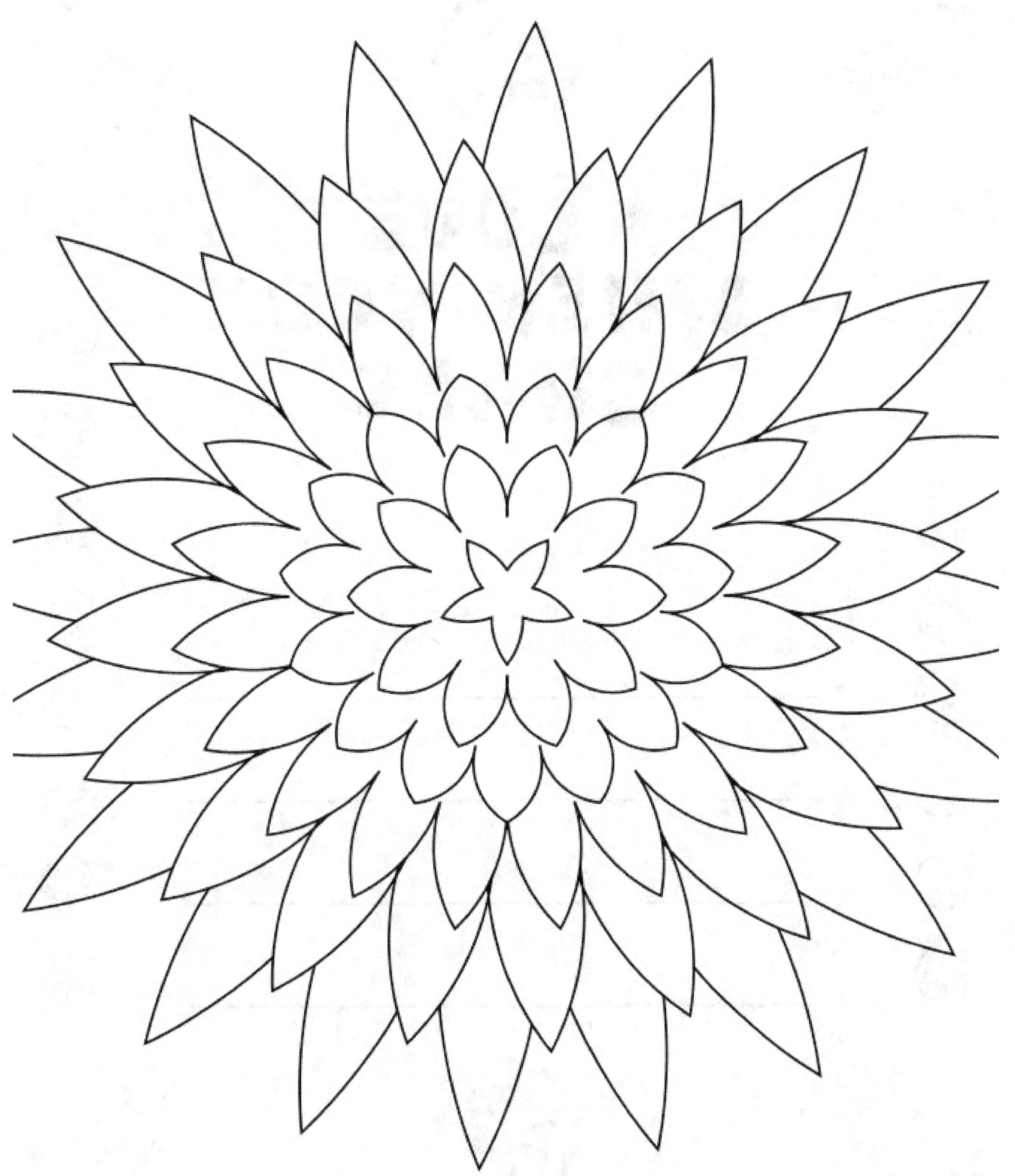

I LOVE WHEN YOU SHARE

_____

_____

_____

_____

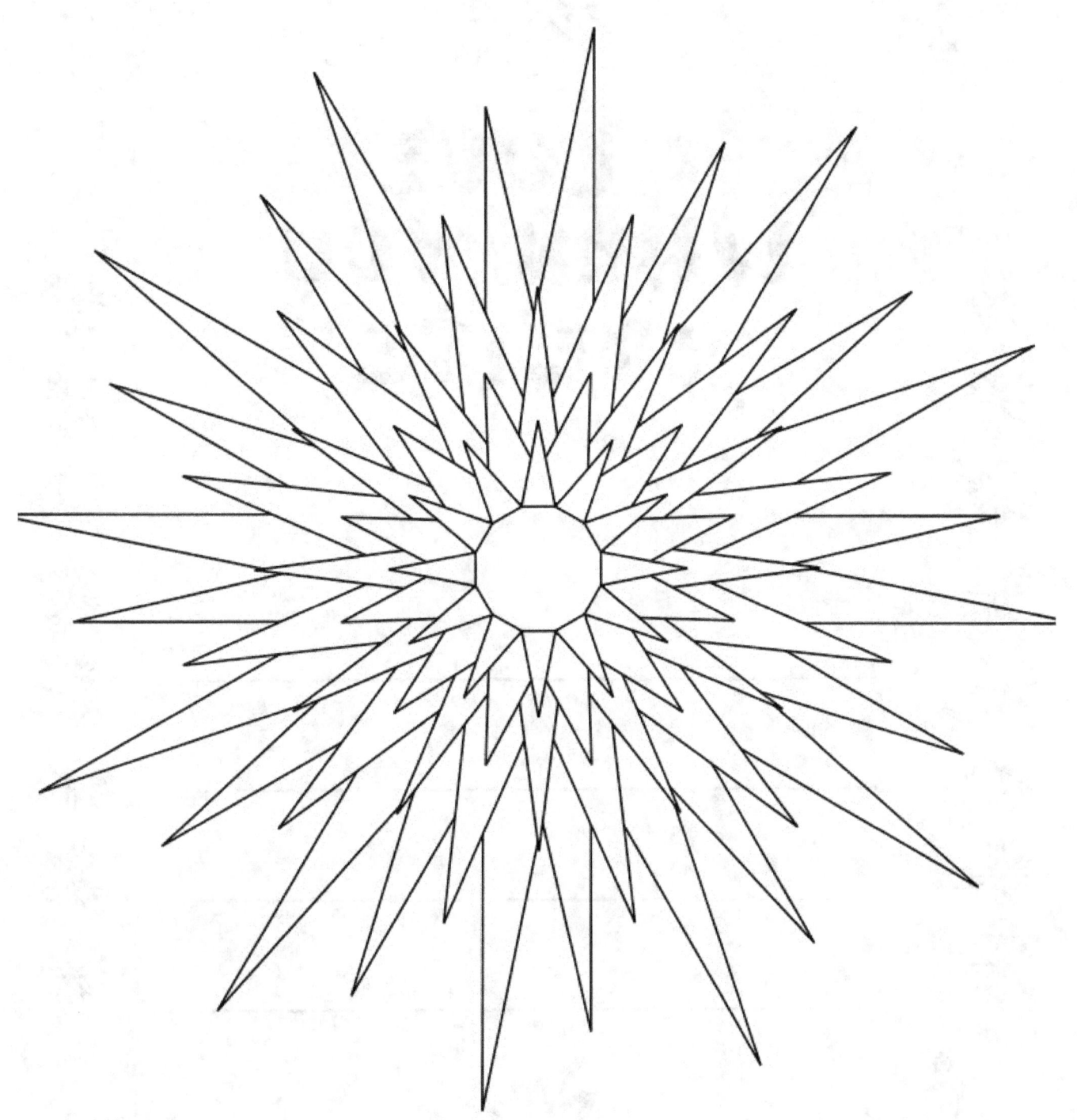

I LOVE WHEN YOU CREATE

_____

_____

_____

_____

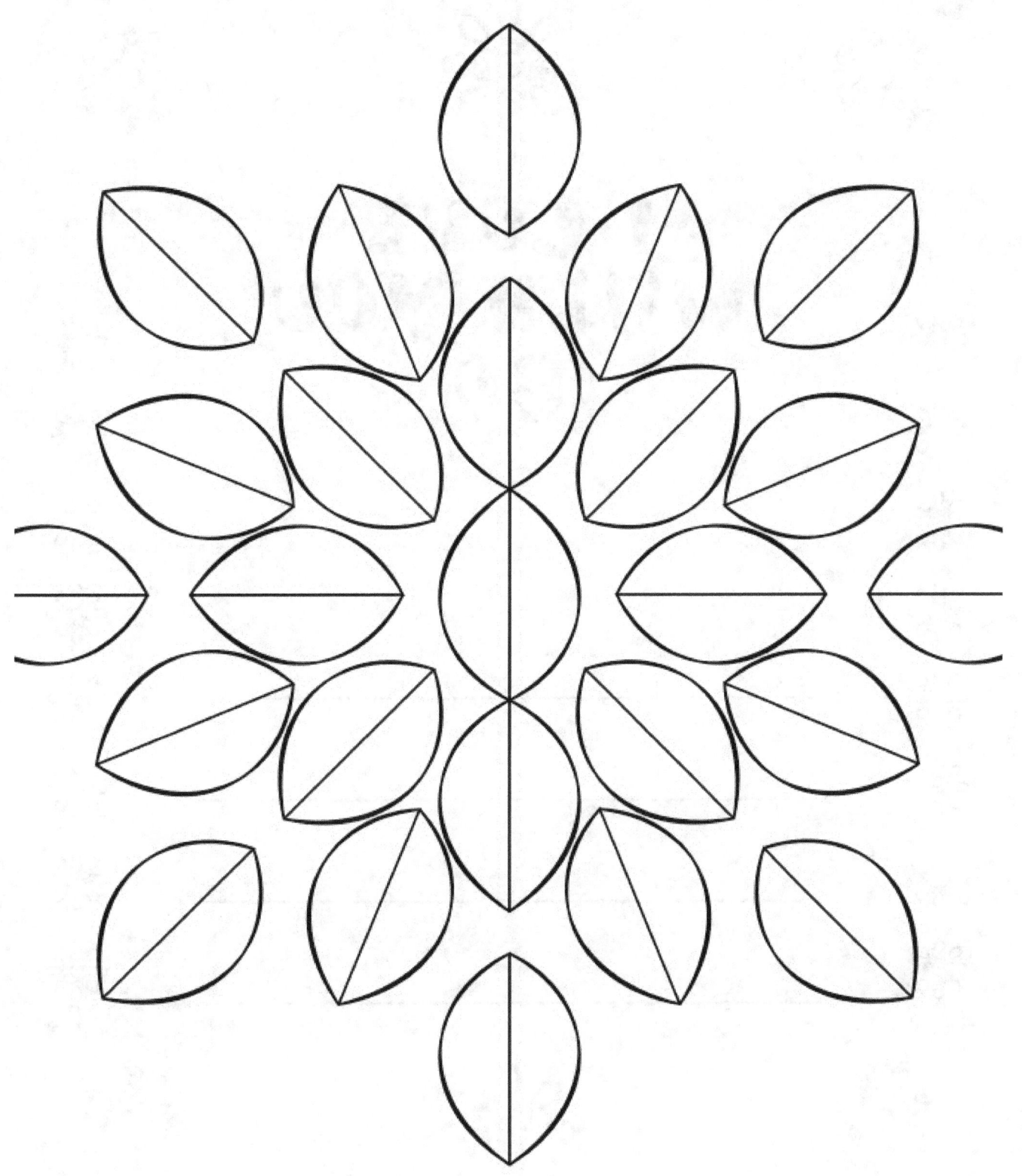

I LOVE WHEN YOU GO

_____

_____

_____

_____

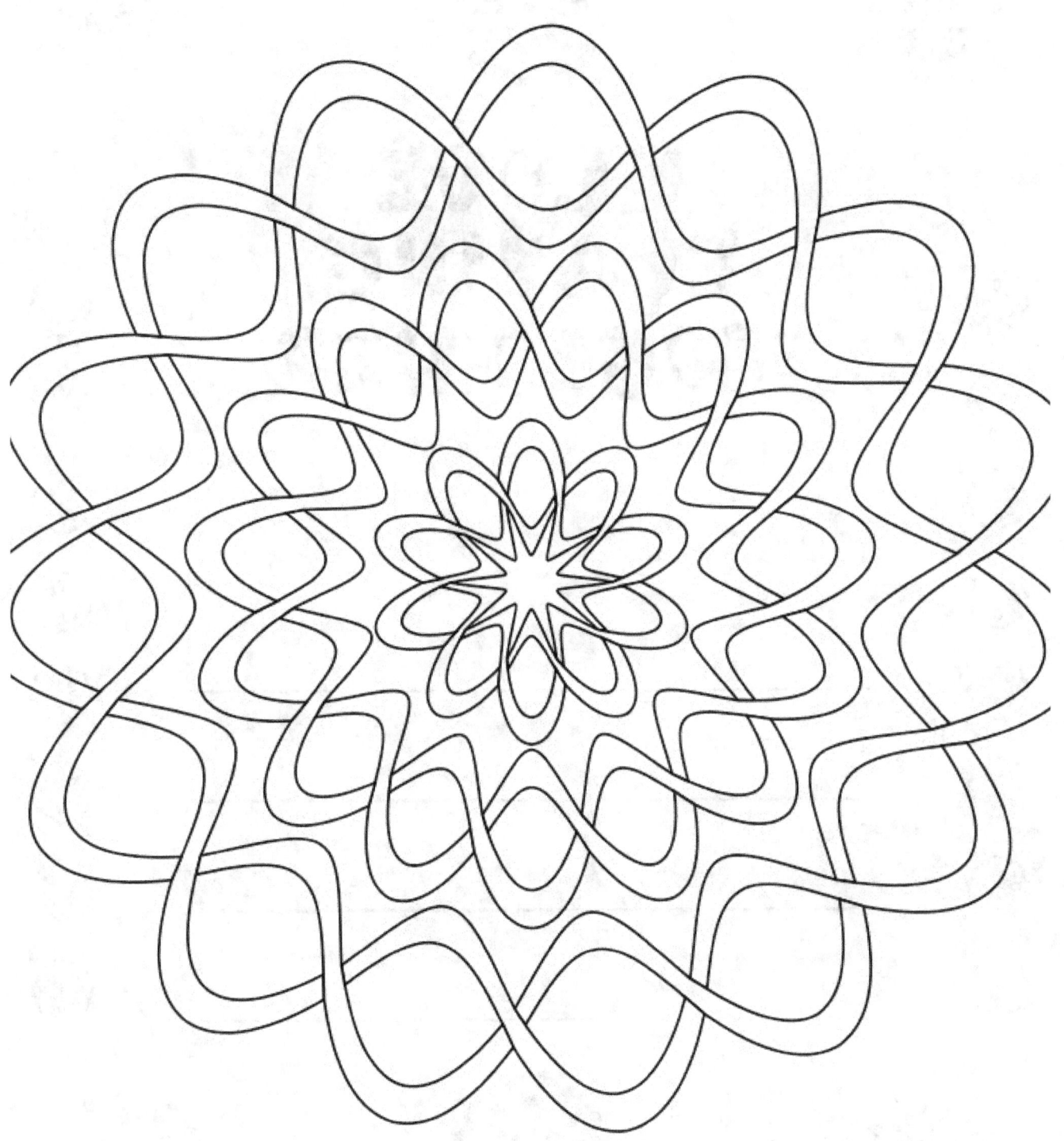

I LOVE PLAYING TOGETHER

_____

_____

_____

_____

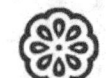

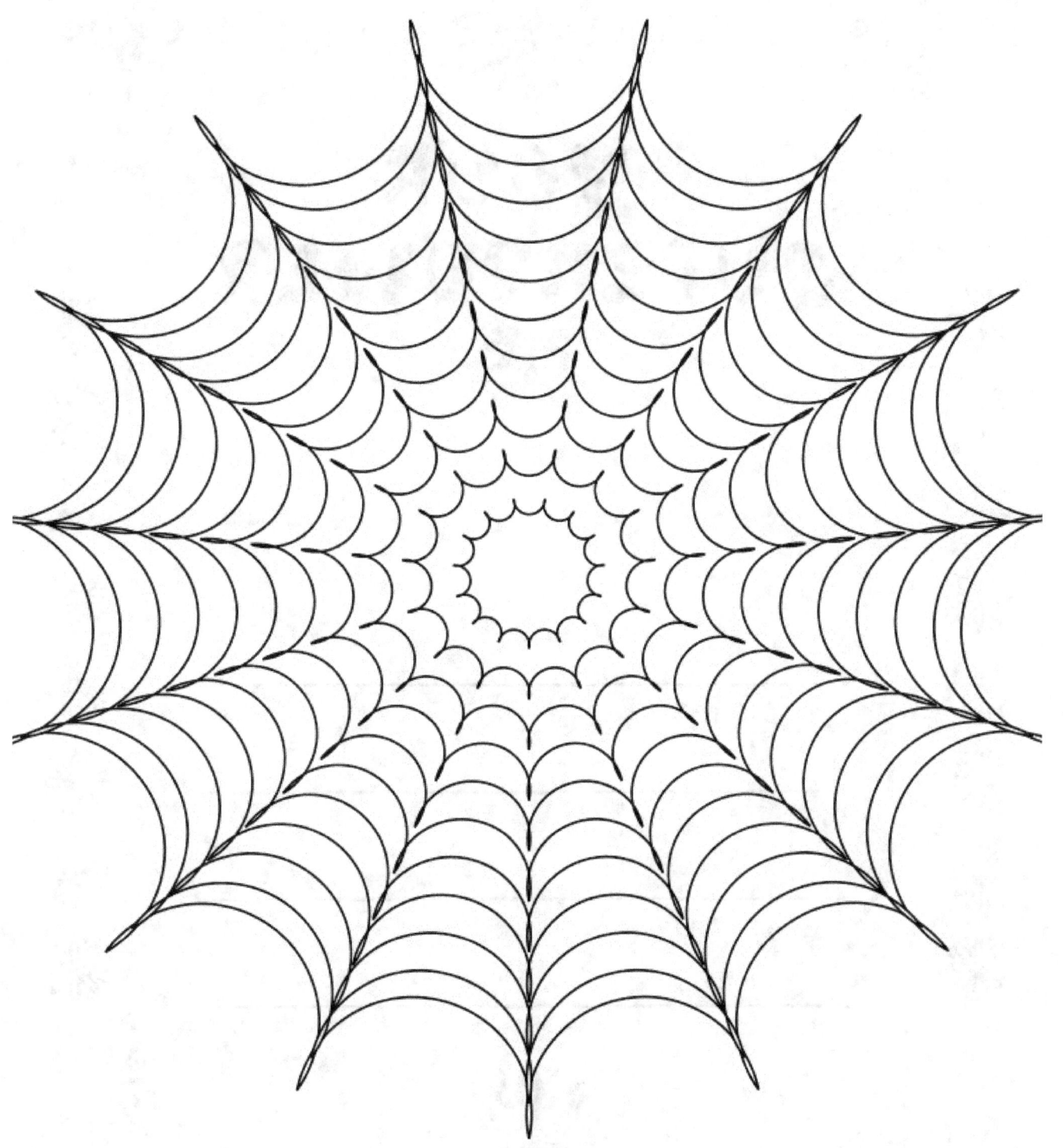

YOUR SUPERPOWER IS

_____

_____

_____

_____

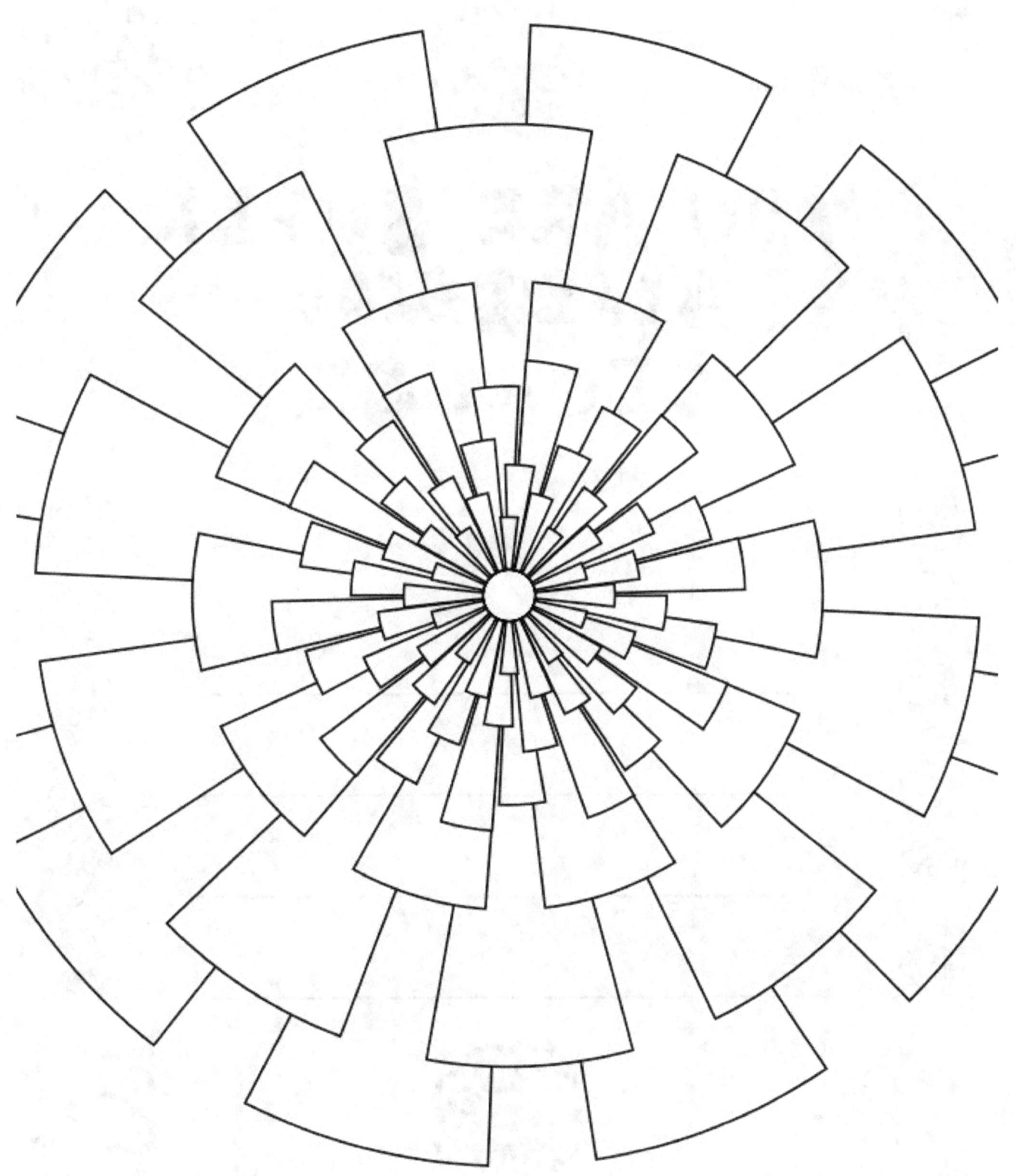

YOU ARE SUPER AWESOME BECAUSE

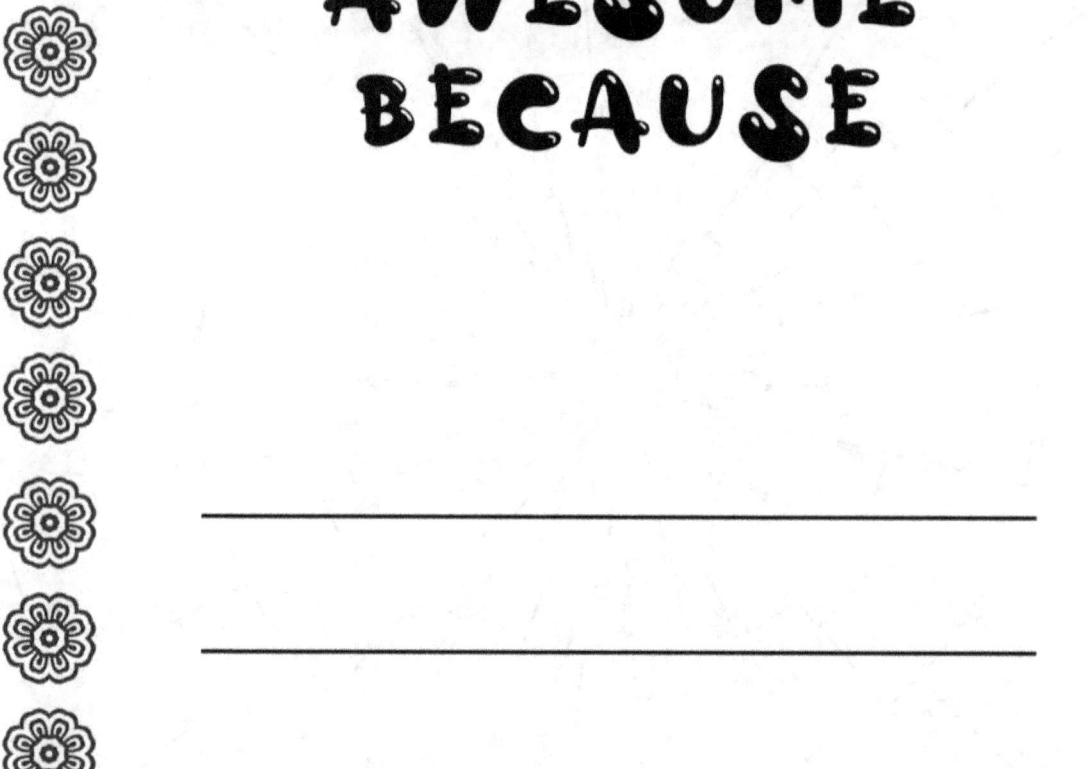

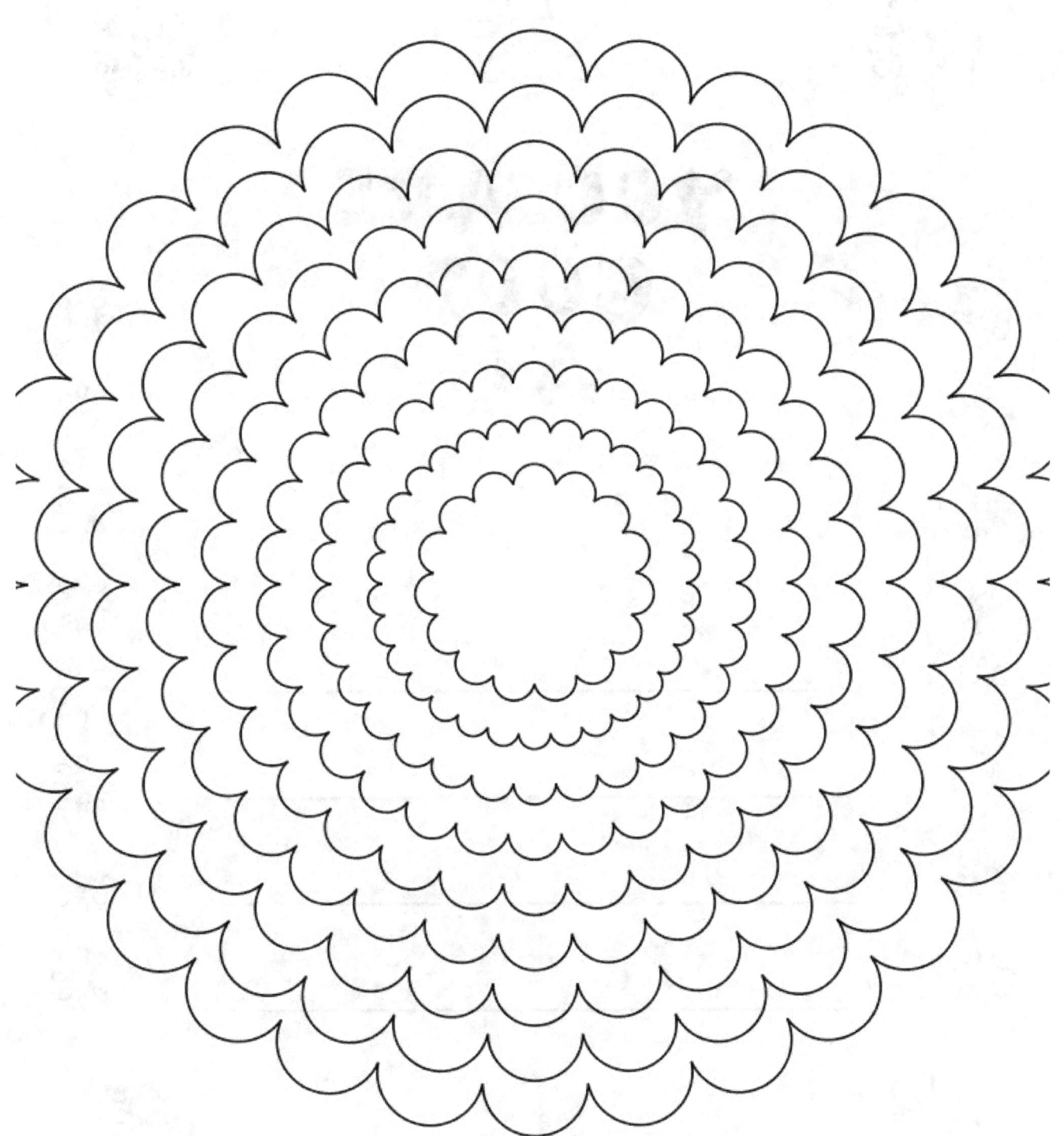

YOU ARE GOOD AT

_____

_____

_____

_____

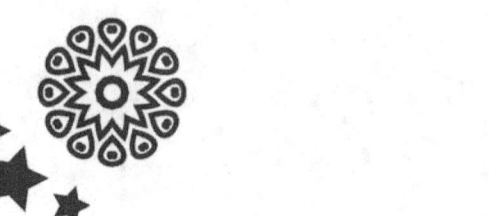  

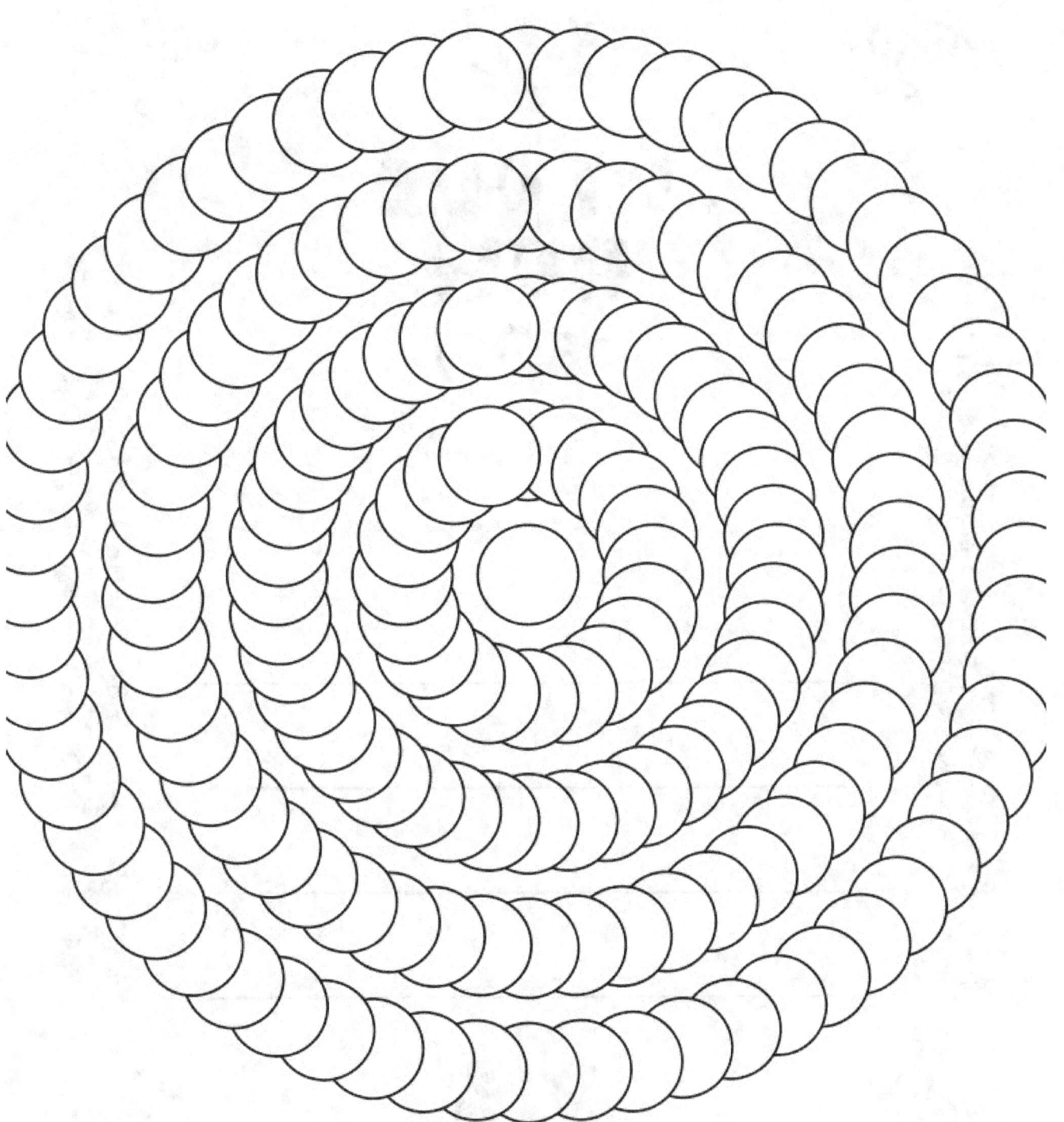

 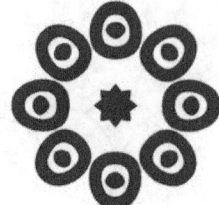 

I LOVE HOW YOU

  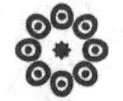 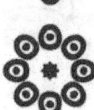 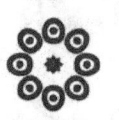 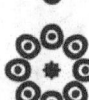 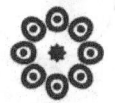 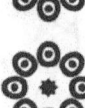 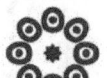

_____

_____

_____

_____

 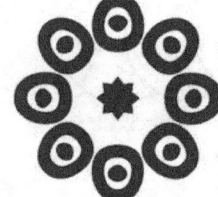 

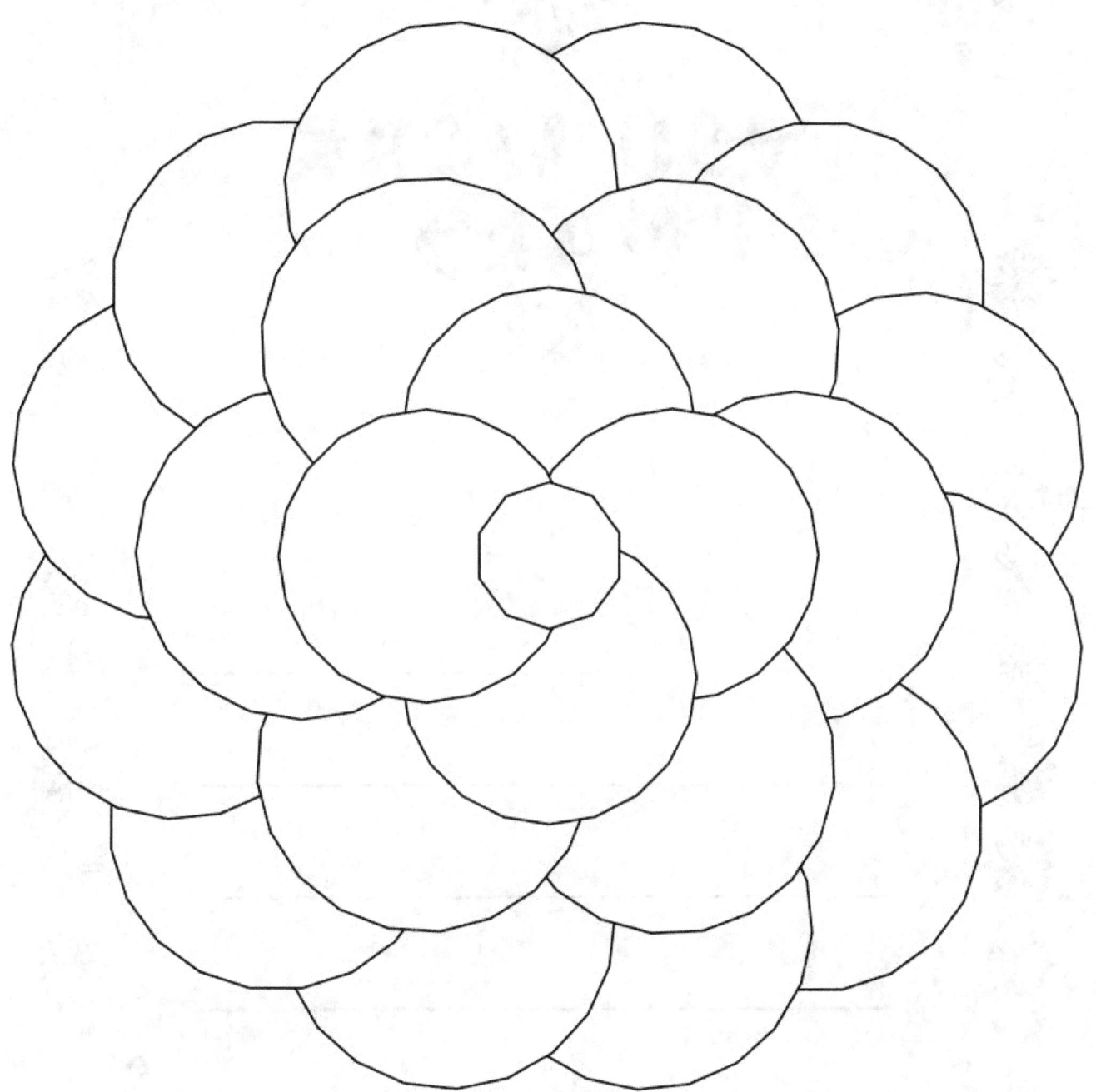

YOU WORK HARD AT

_____

_____

_____

_____

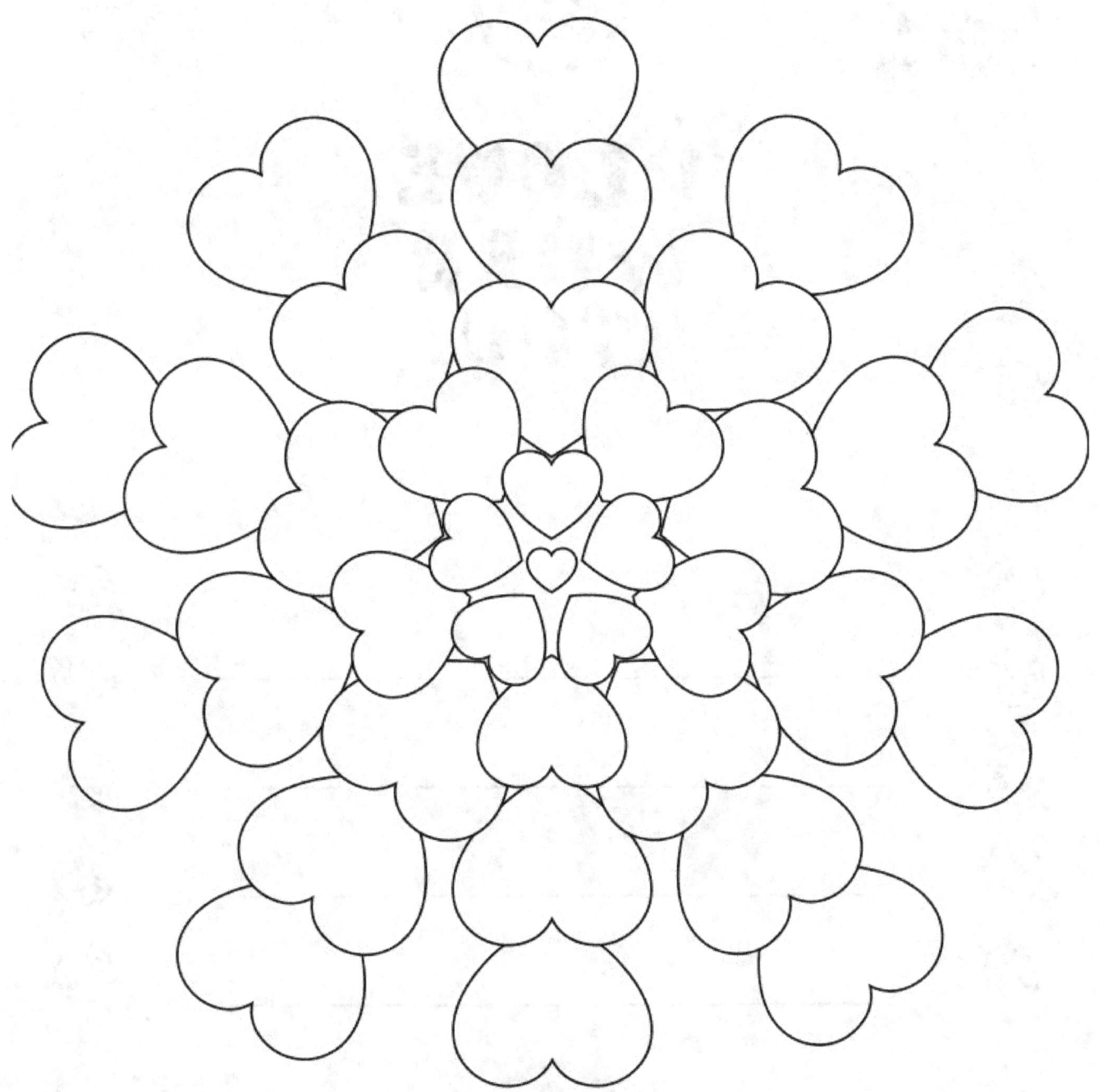

I LOVE WHEN YOU

_____

_____

_____

_____

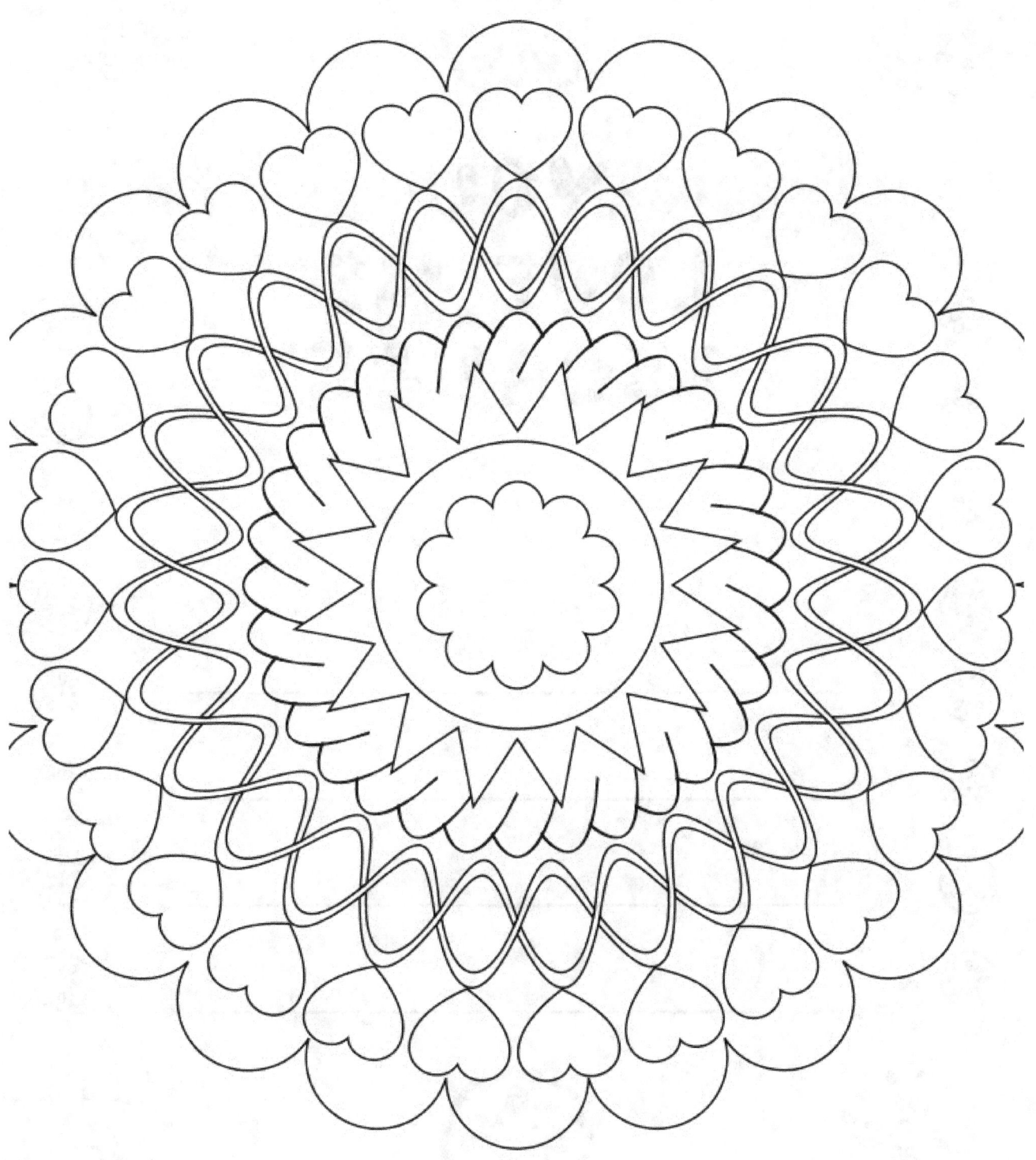

YOU LOVE ME BECAUSE

_____

_____

_____

_____

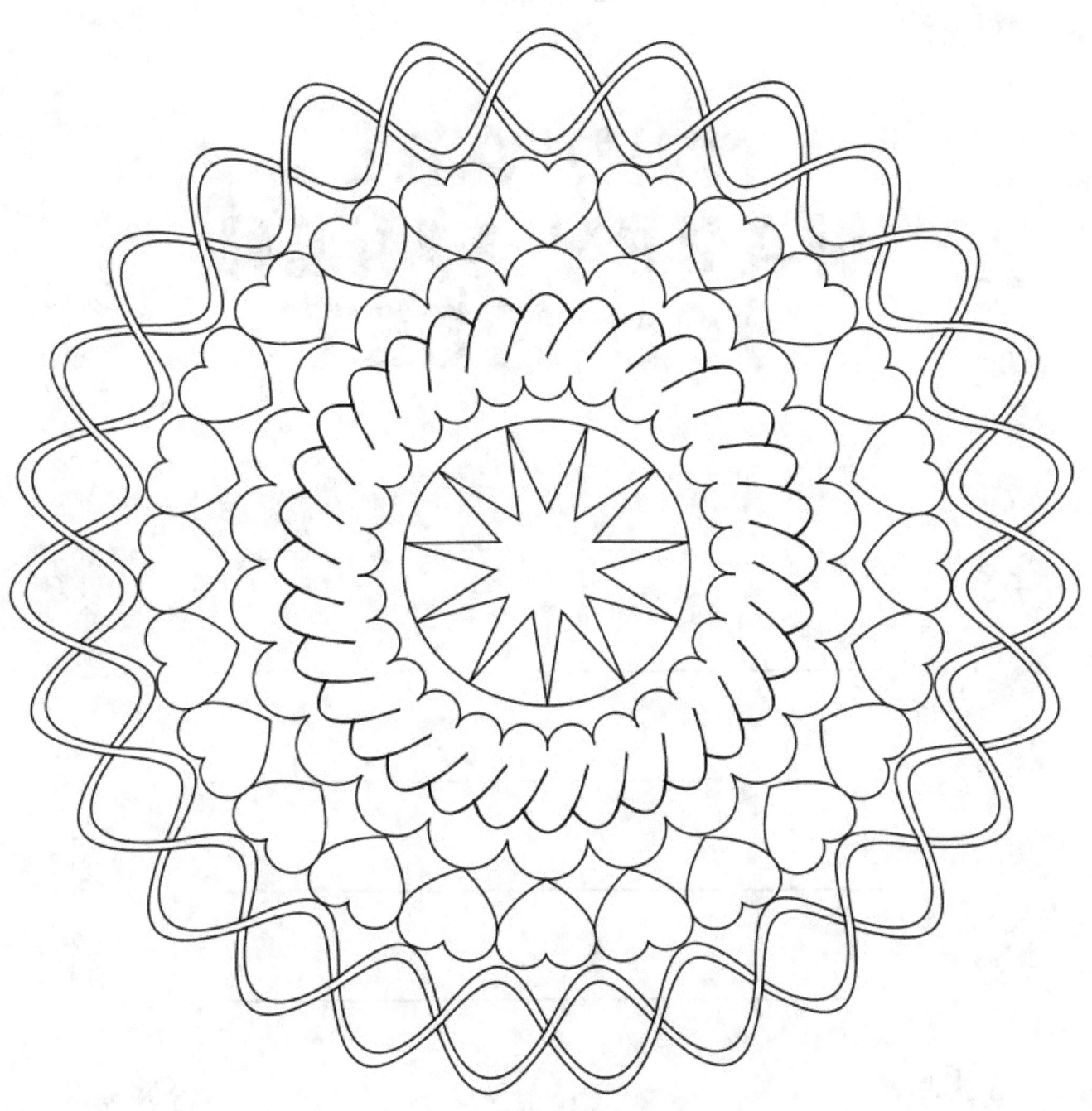

 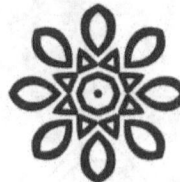 

YOU ARE HAPPY WHEN YOU MEET

_____

_____

_____

_____

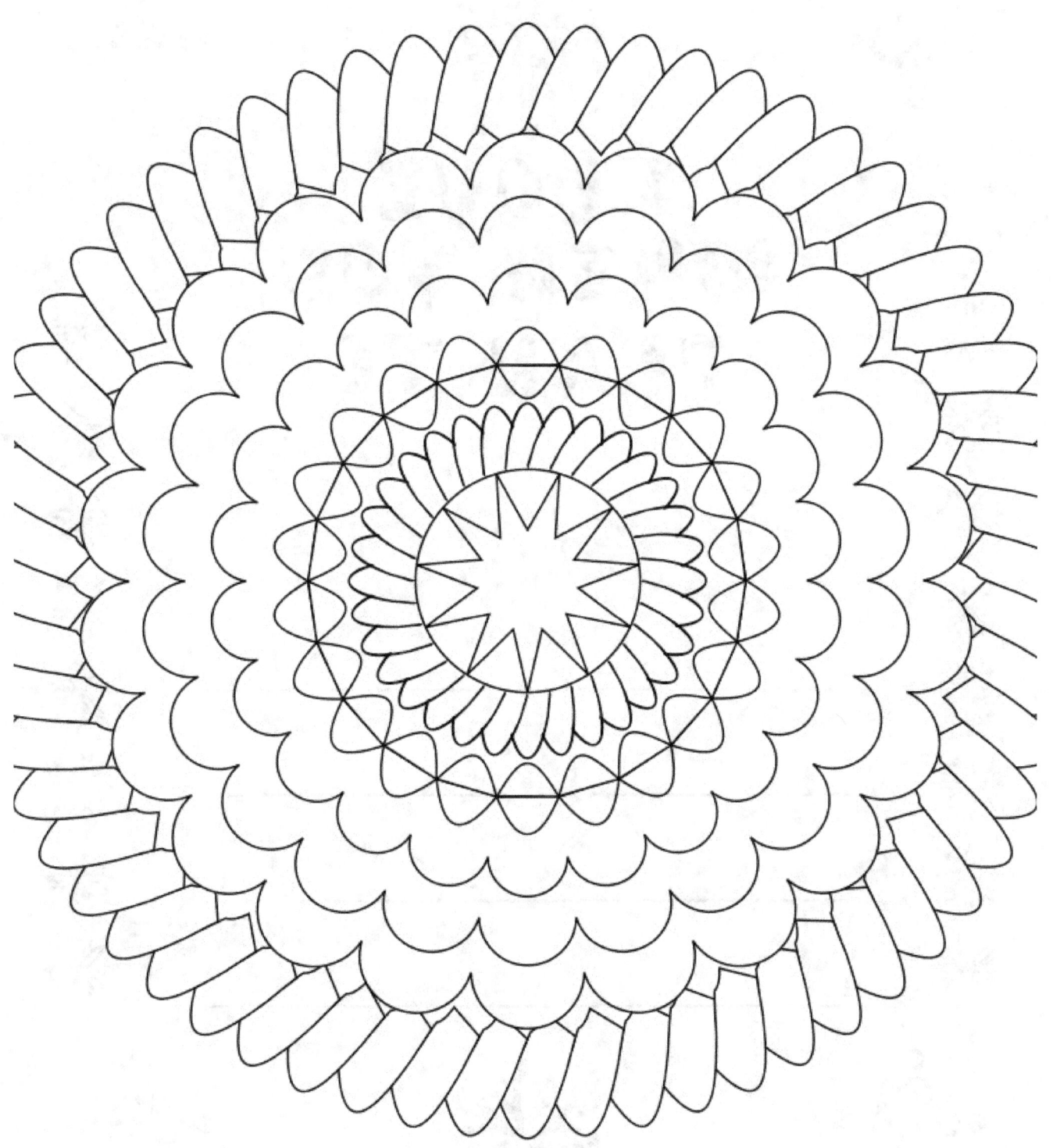

I LOVE WHEN YOU PLAN TO

_____

_____

_____

_____

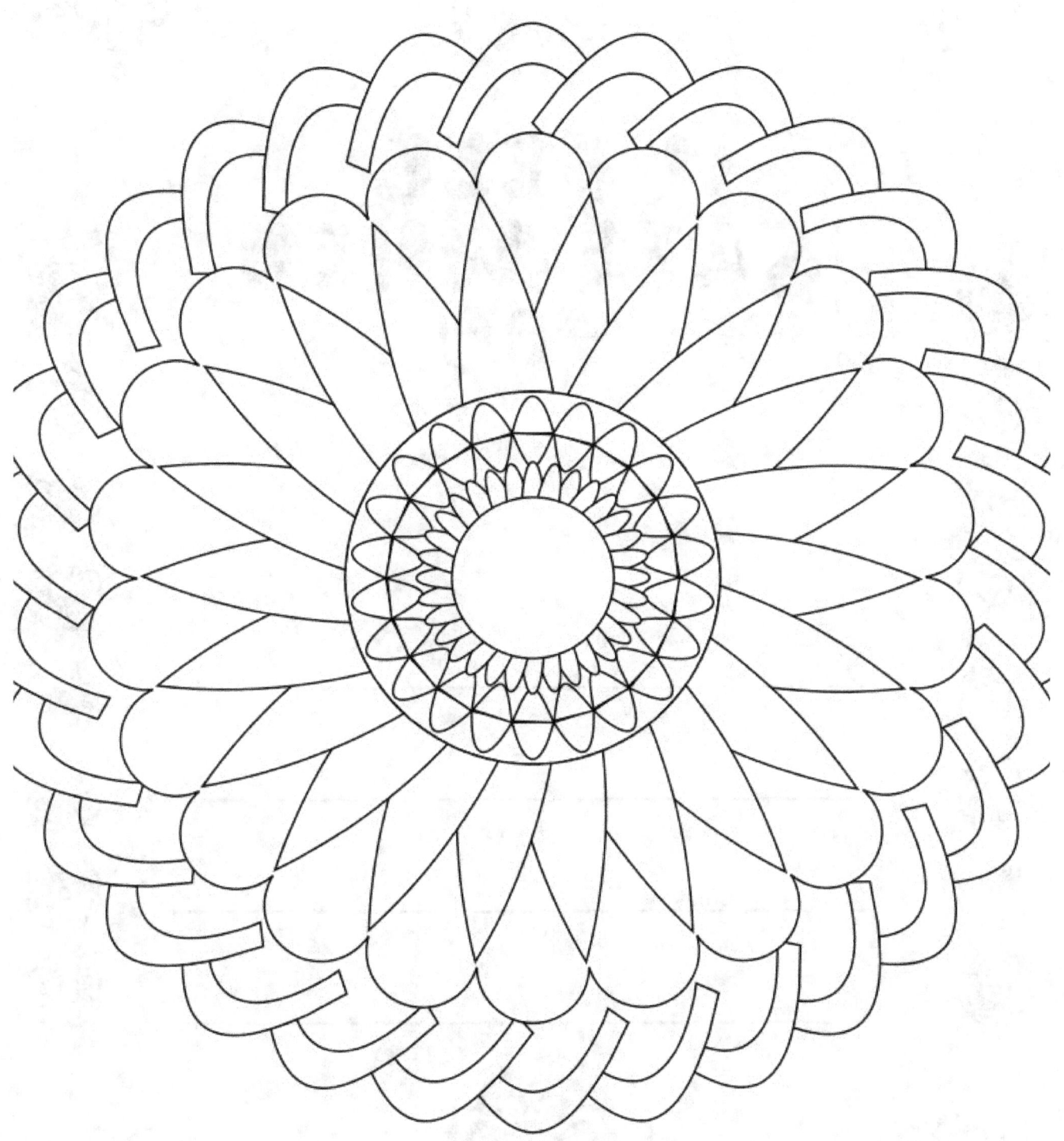

I FEEL SAFE WHEN YOU

_____

_____

_____

_____

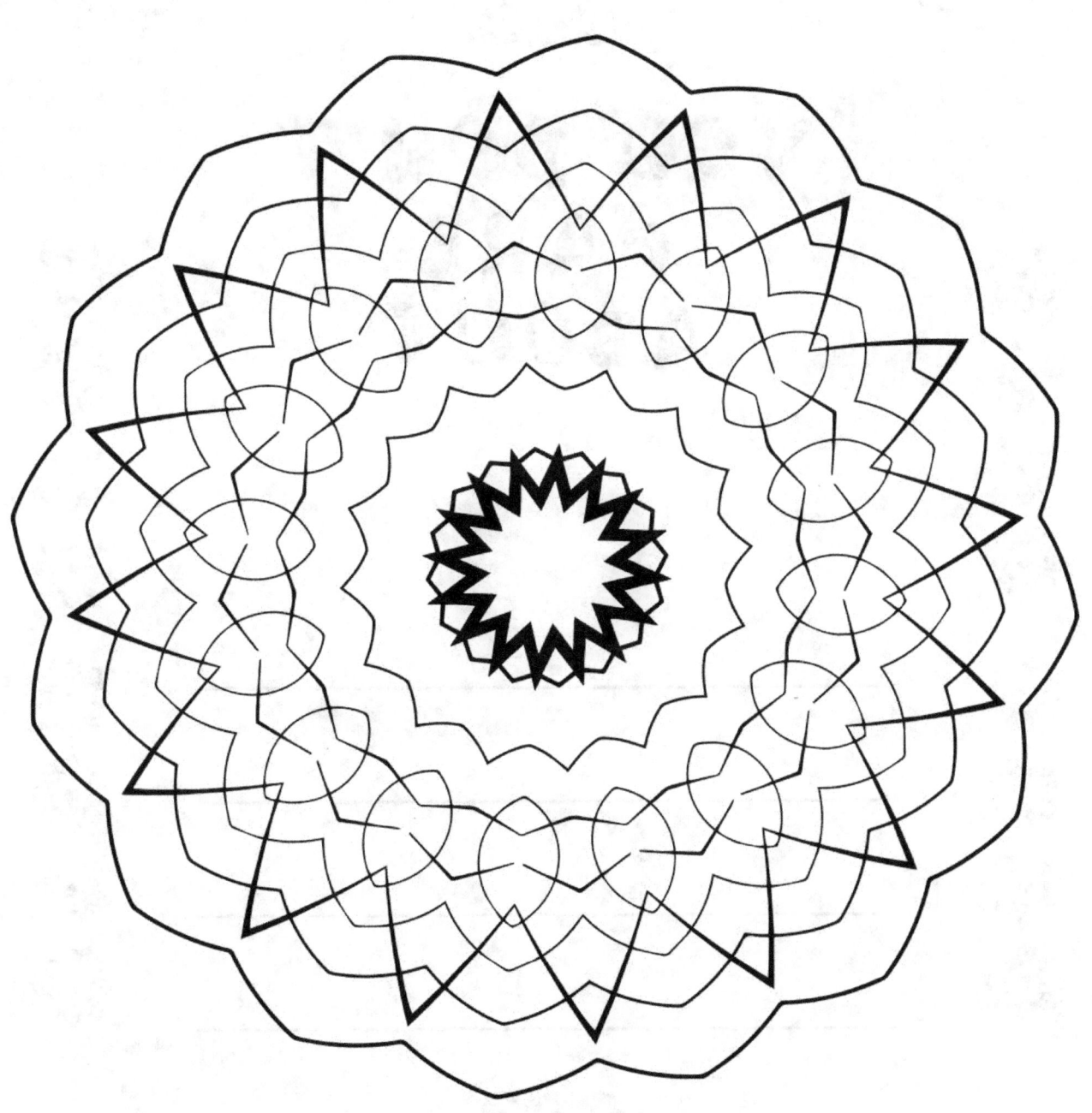

 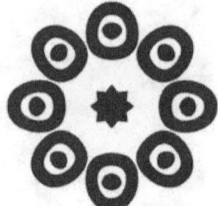 

YOU DON'T CARE ABOUT

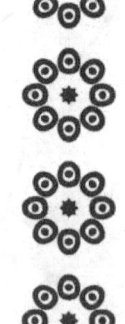

_____

_____

_____

_____

 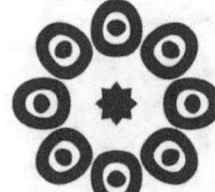 

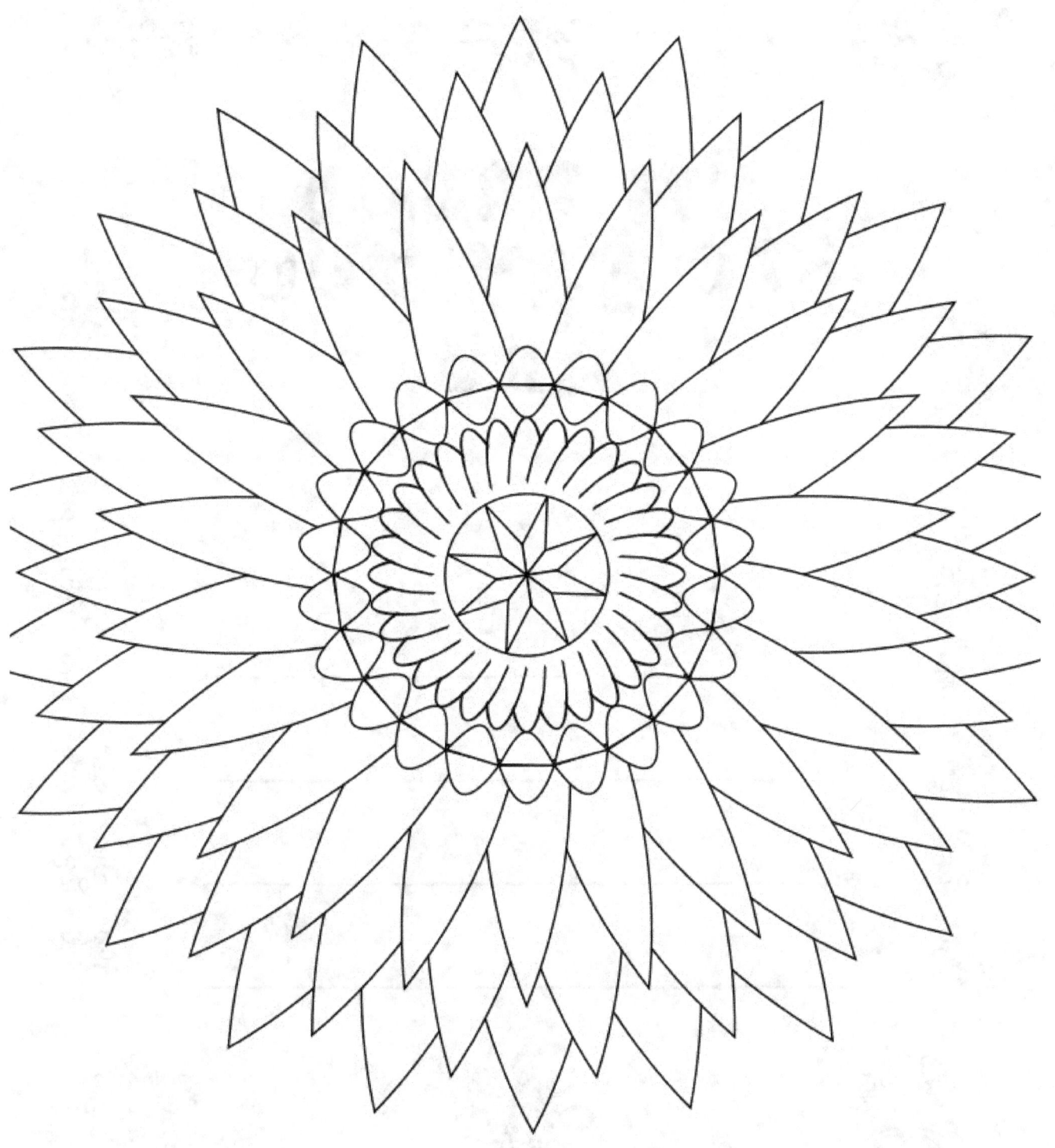

I'M PROUD TO SAY YOU ARE

_____

_____

_____

_____

 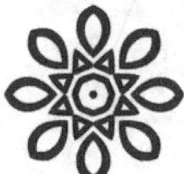 

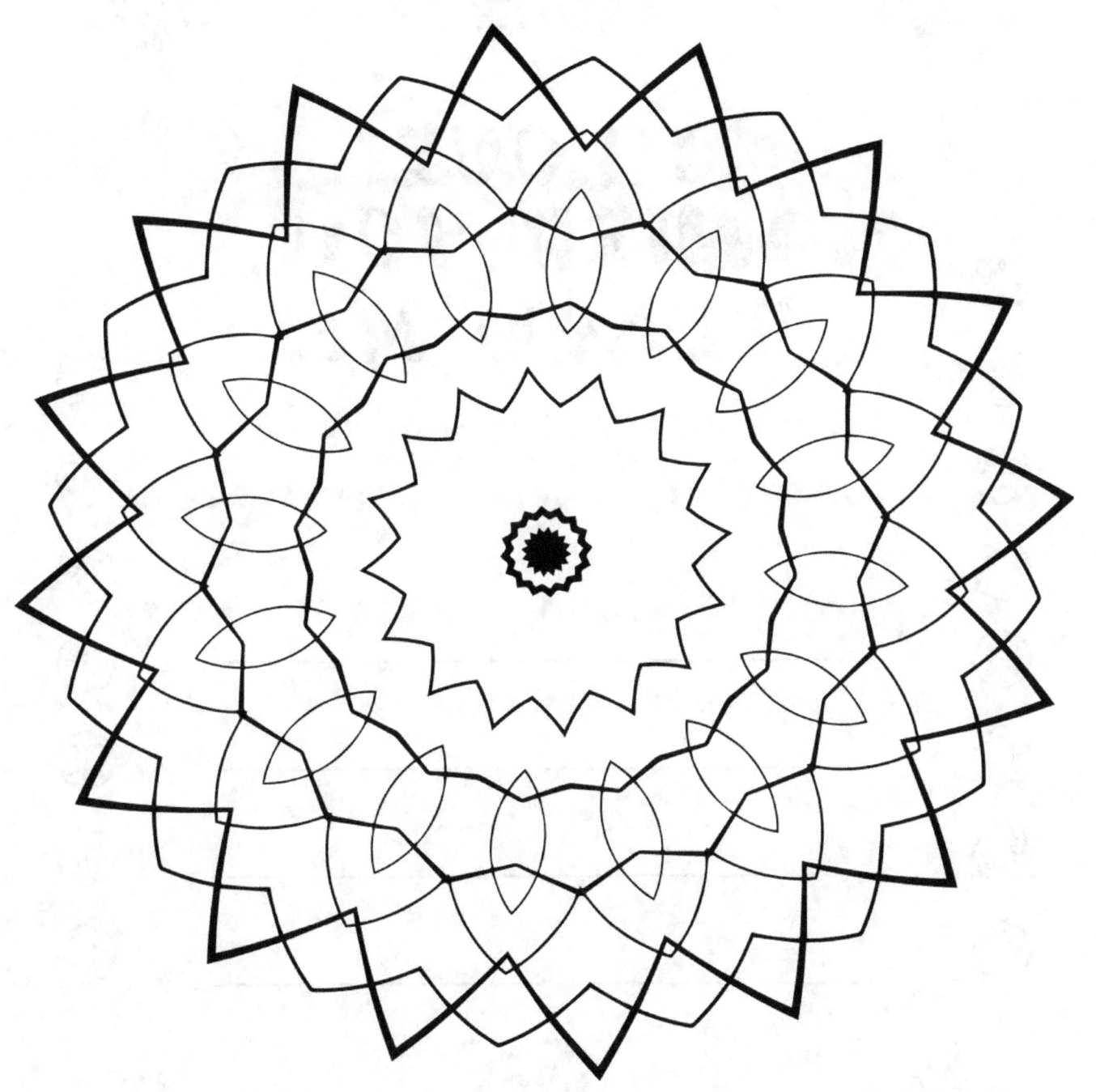

I LOVE WHEN YOU TEACH ME

_____

_____

_____

_____

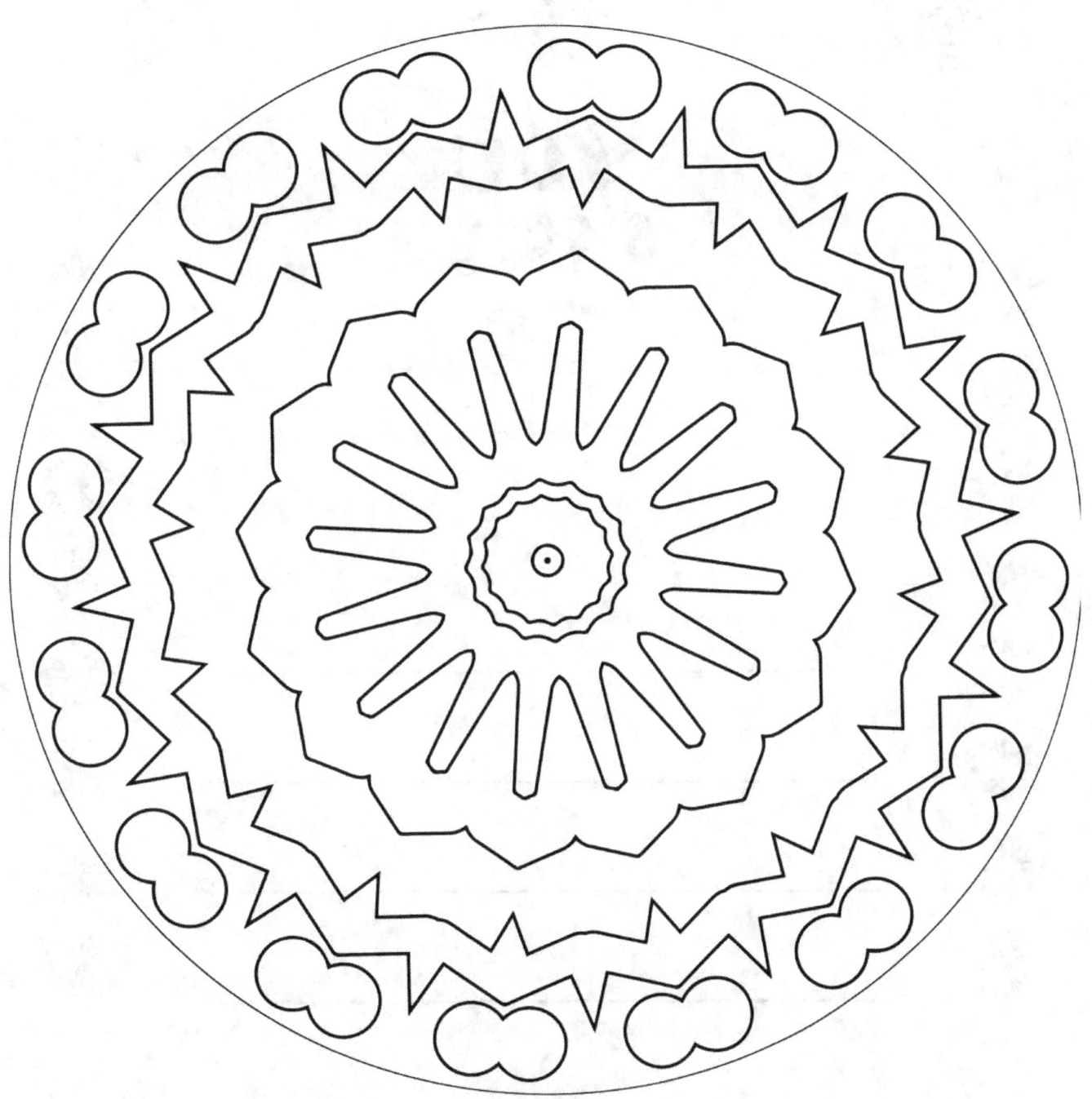

YOU LIKE TO

_____

_____

_____

_____

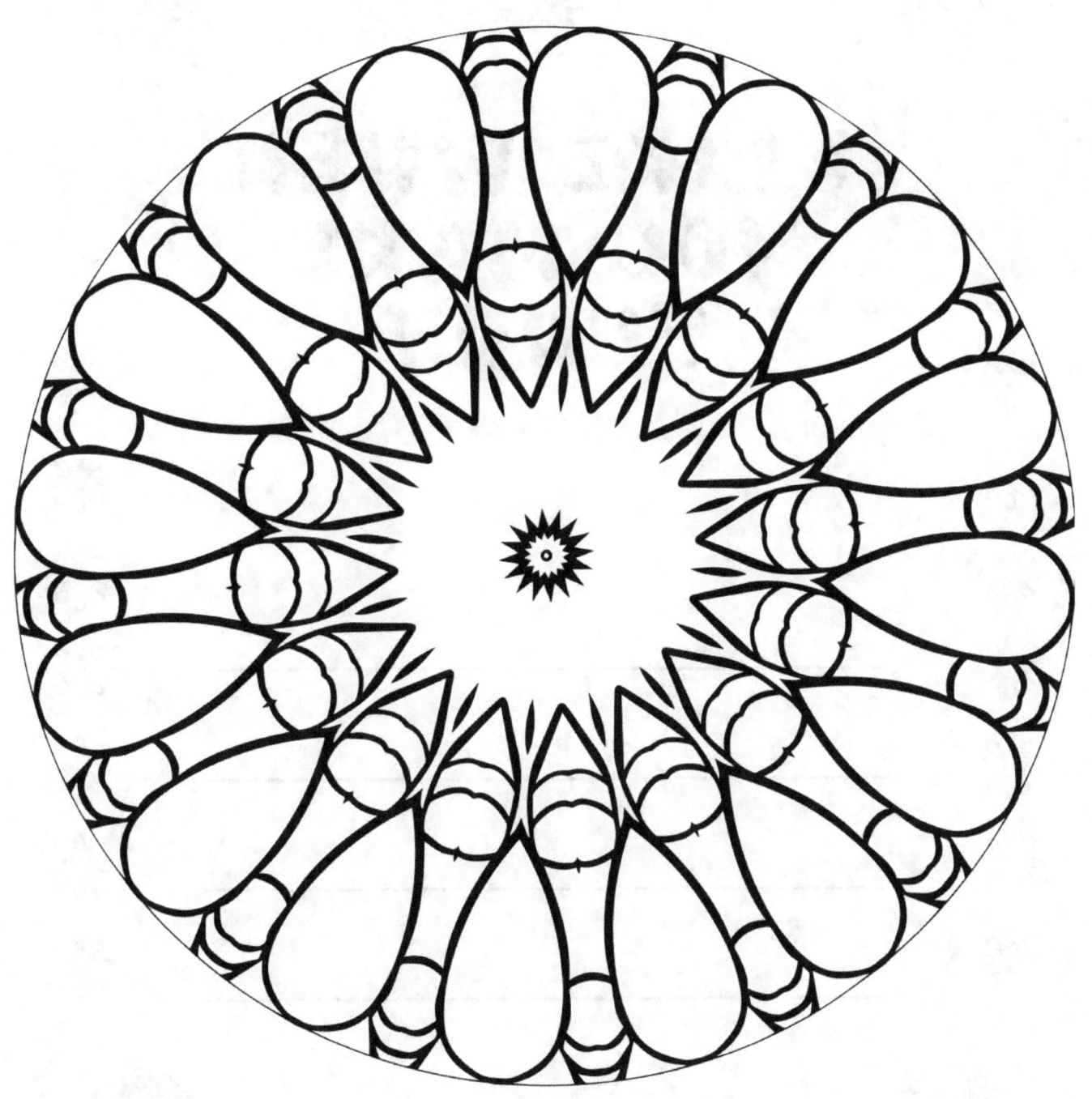

 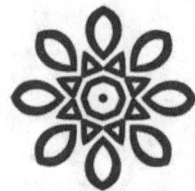 

I LIKE WHEN YOU MAKE FUNNY

_____

_____

_____

_____

 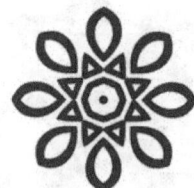 

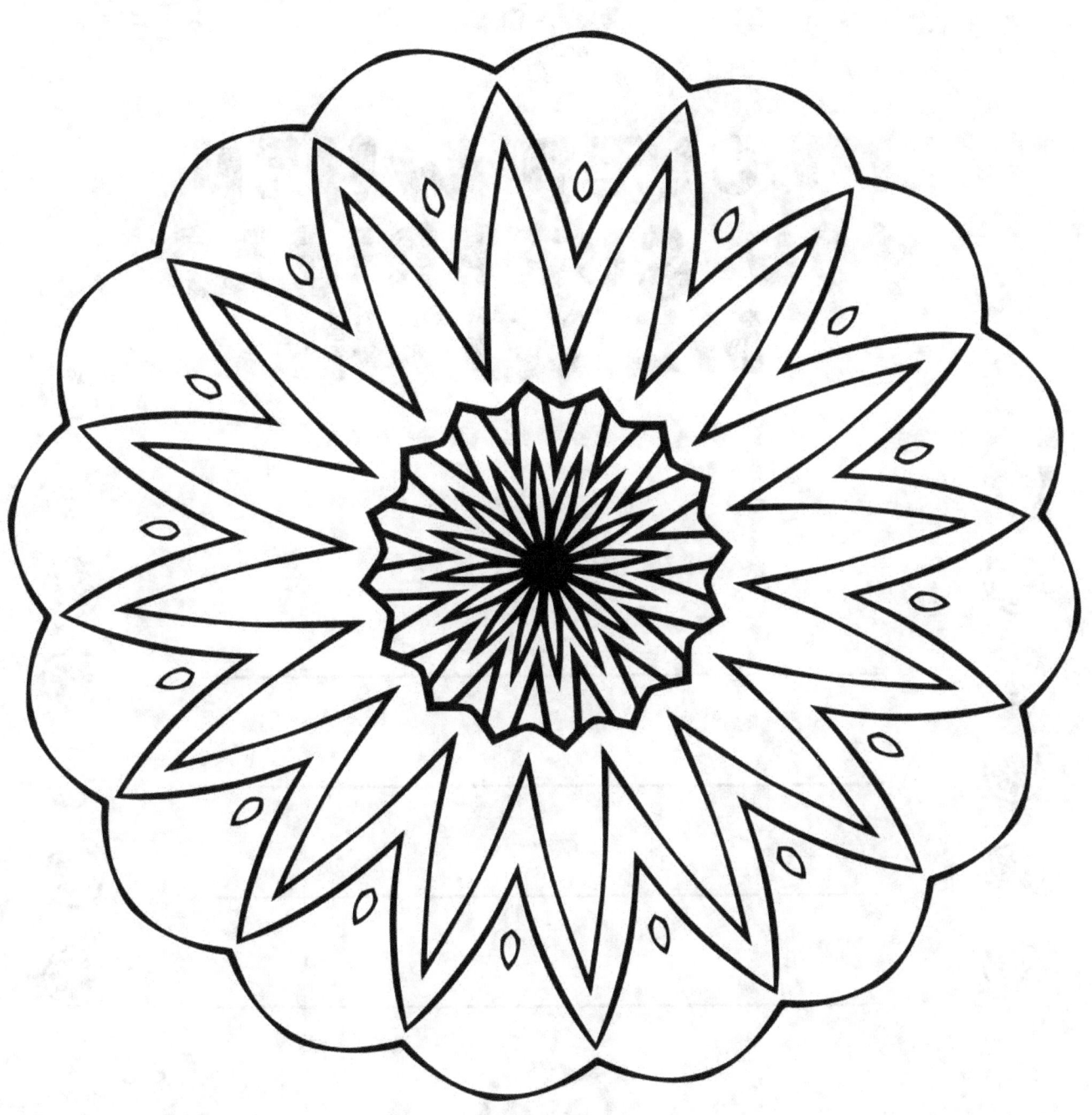

I LOVED WHEN YOU SURPRISED ME WITH

_____

_____

_____

_____

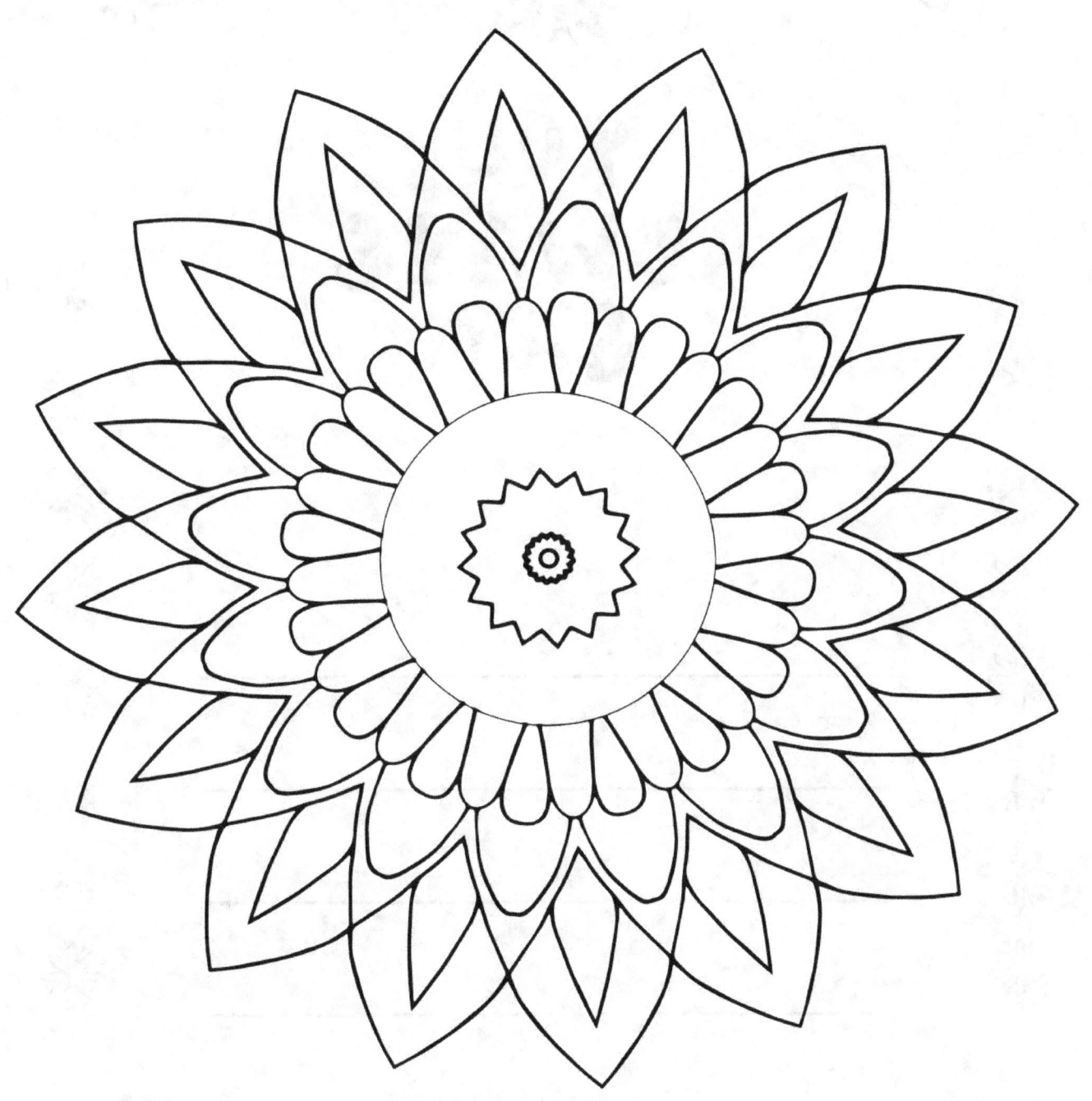

YOU ALWAYS SAY

_____

_____

_____

_____

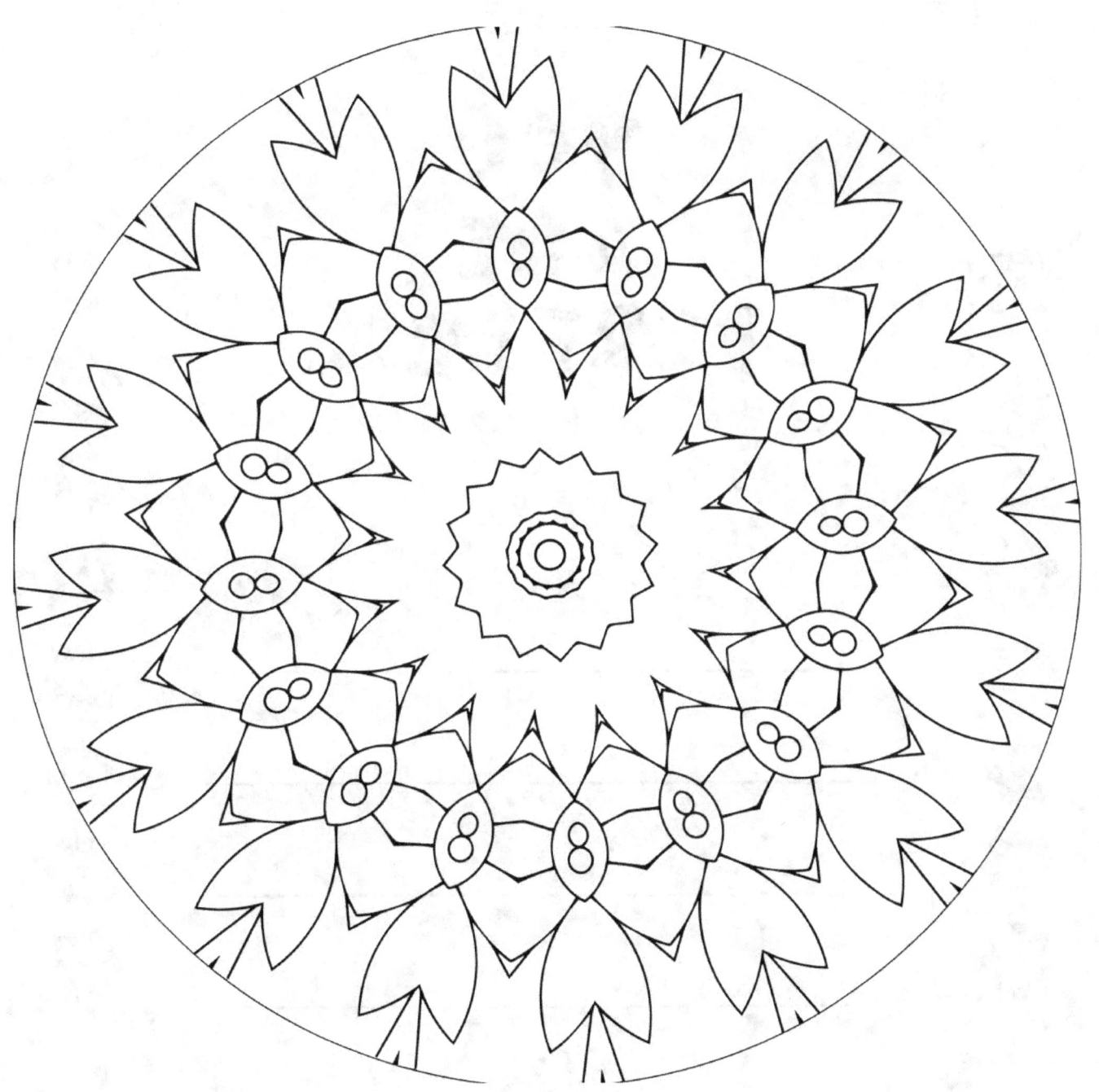

 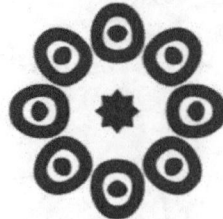 

YOU ARE PERFECT

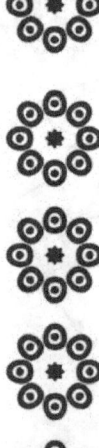

_____

_____

_____

_____

 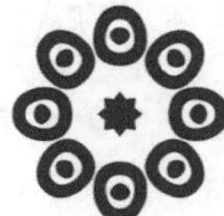 

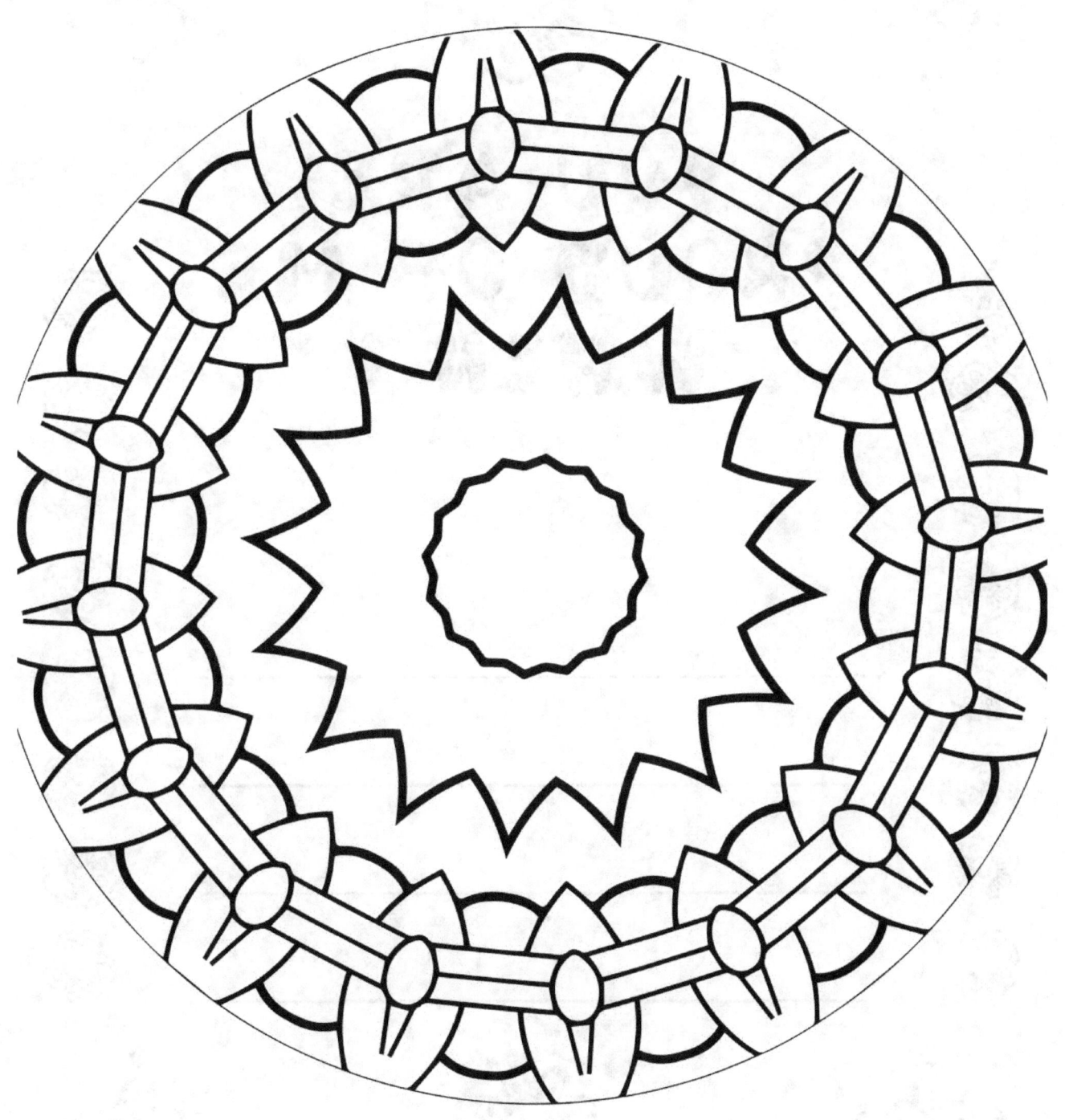

YOU ARE PROUD OF ME WHEN I

_____

_____

_____

_____

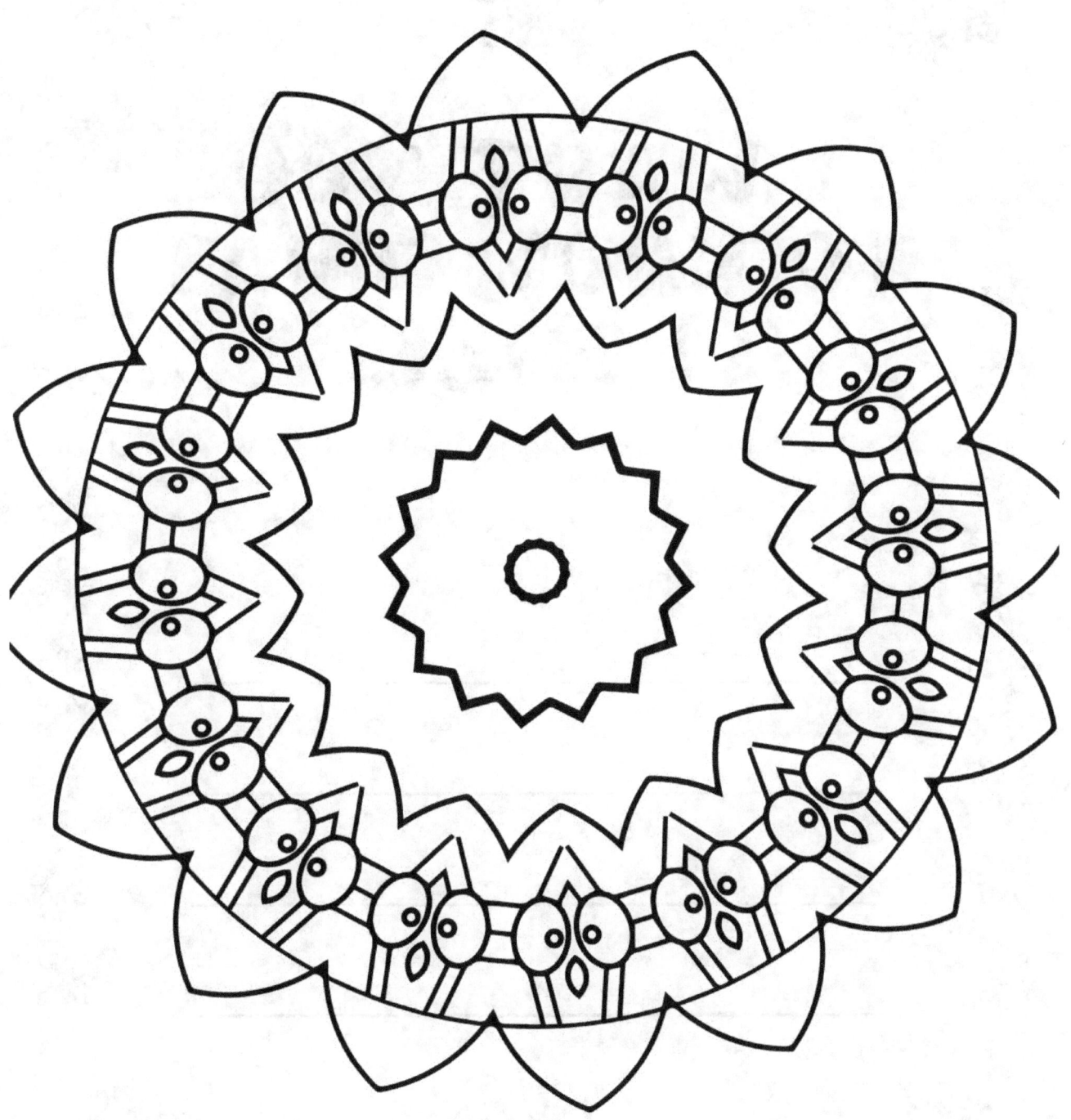

I WANT YOU TO KNOW THAT I WILL

_____

_____

_____

_____

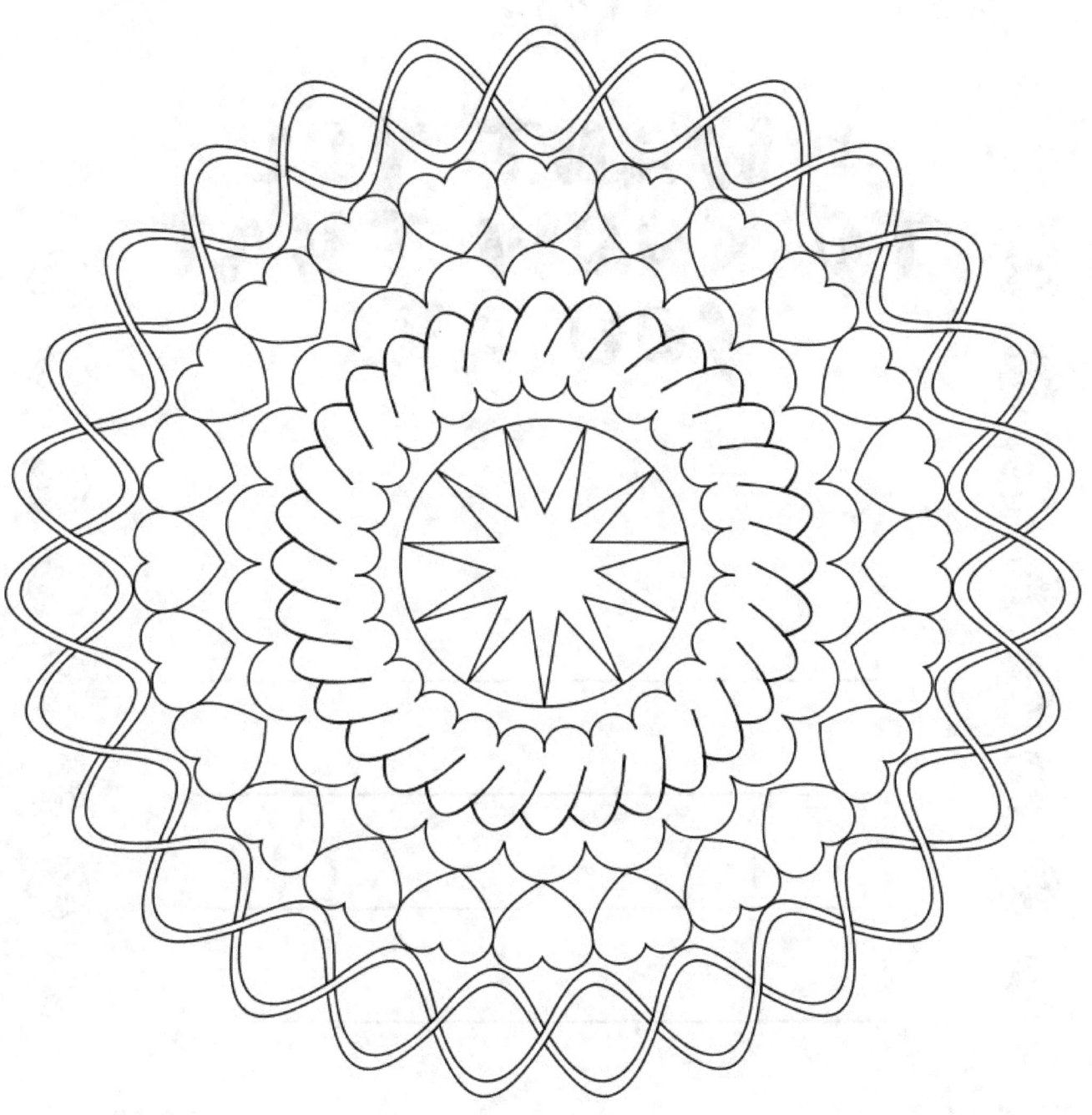

I WANT YOU TO KNOW THAT YOU ARE

_____

_____

_____

_____

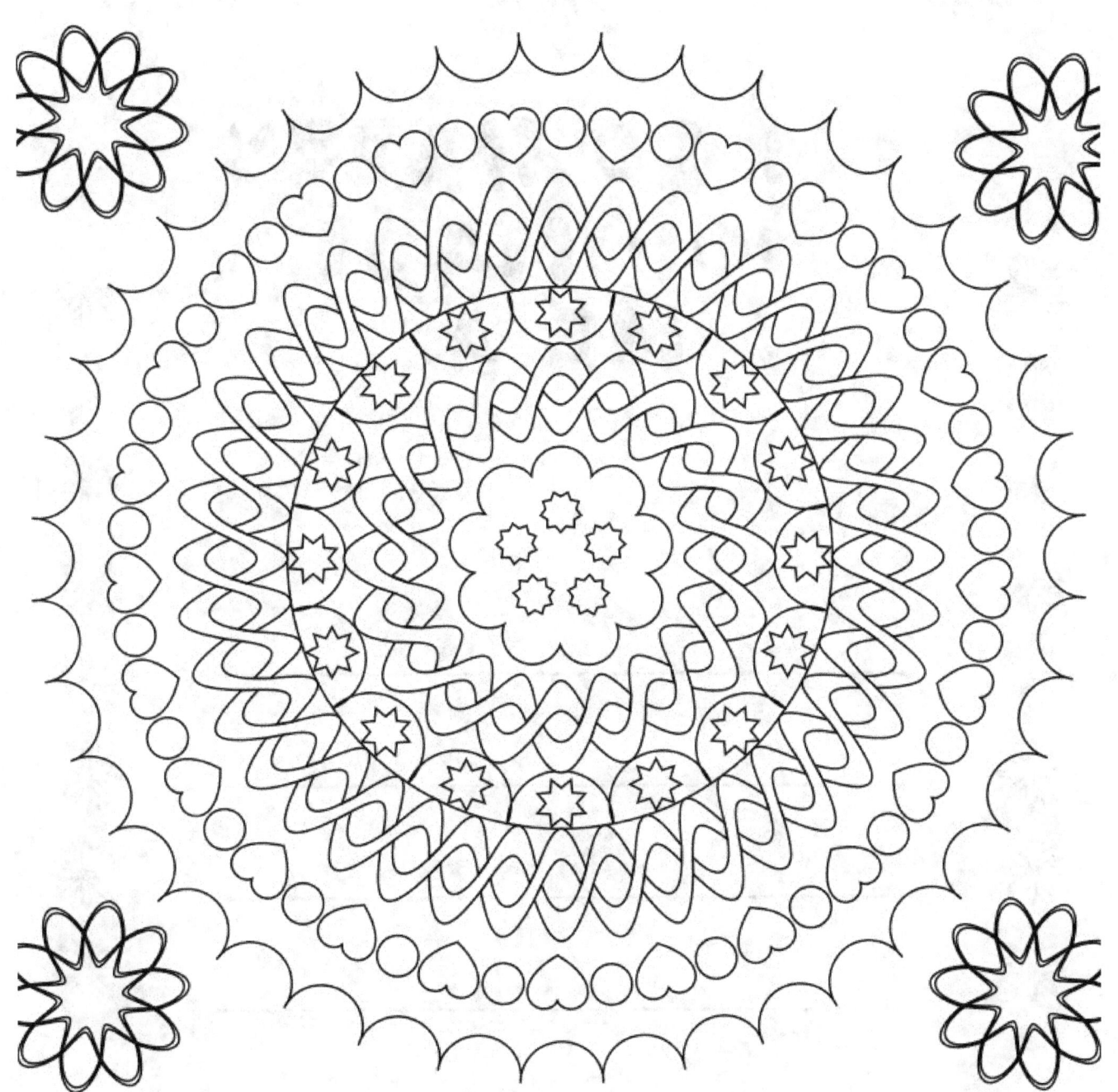

I'M SO HAPPY YOU MADE ME A

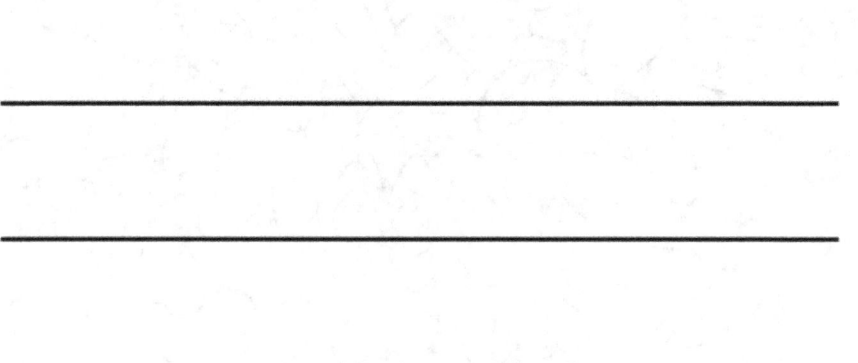

_____

_____

_____

_____

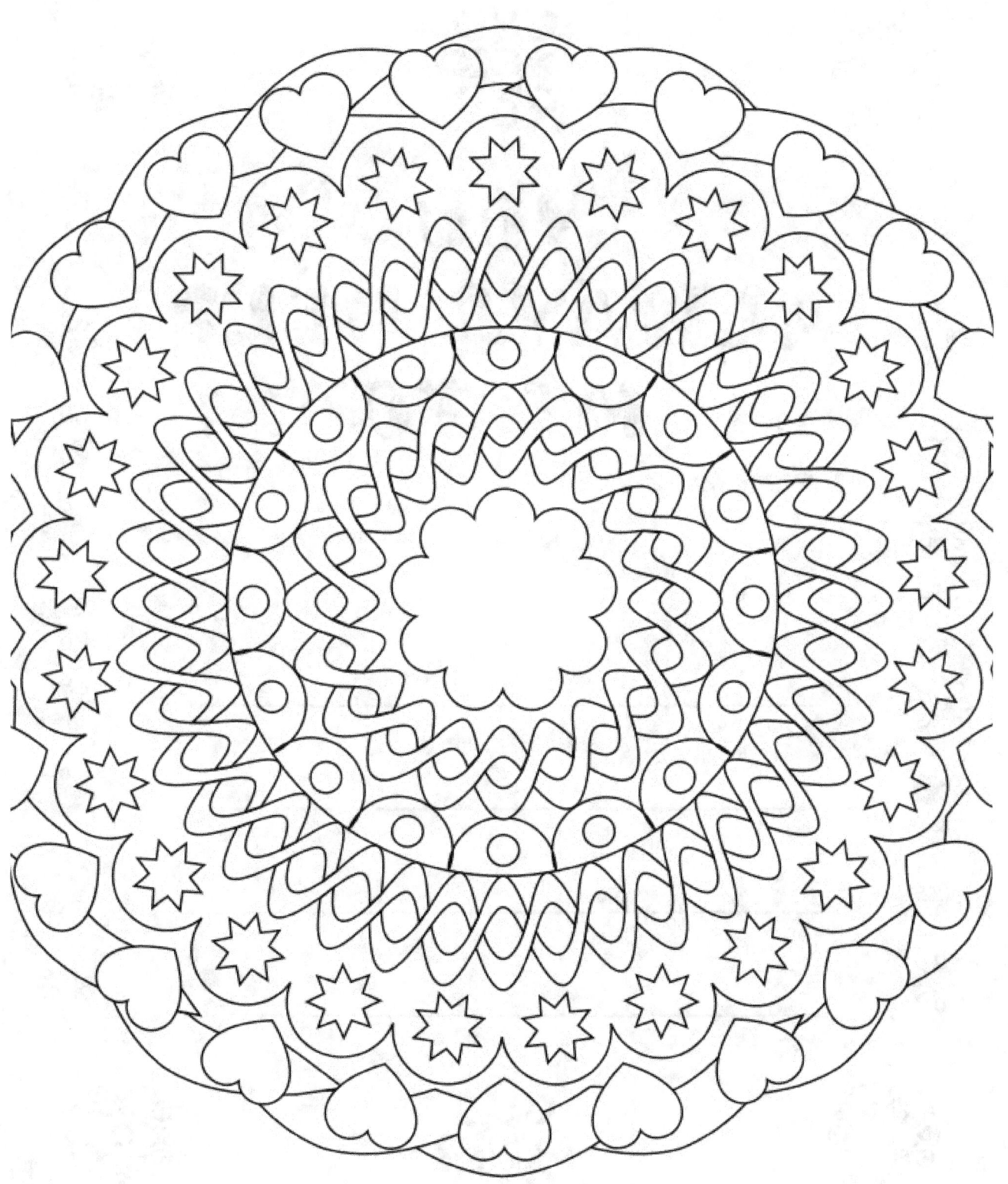

YOU ALWAYS HELP ME TO

_____

_____

_____

_____

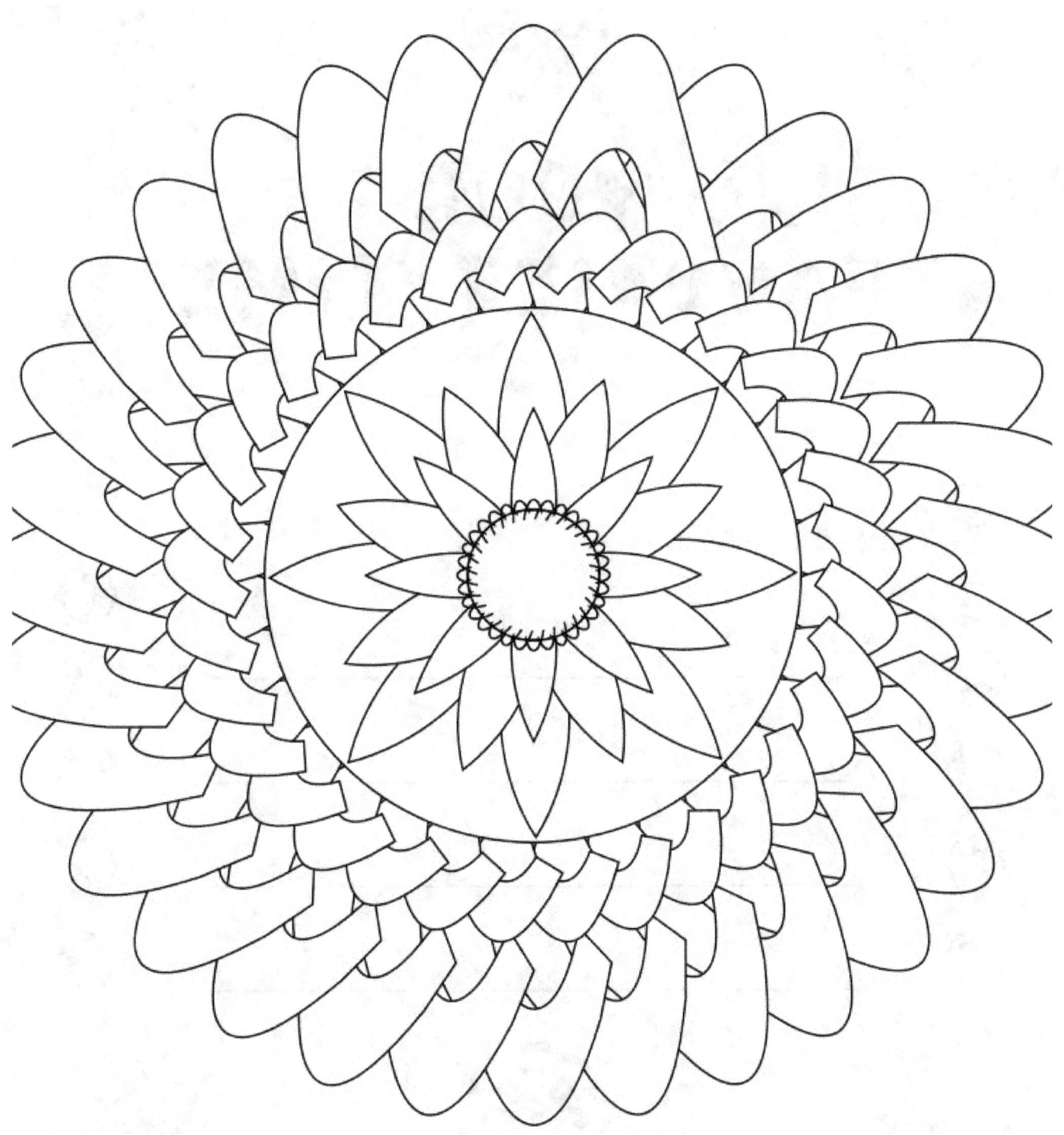

YOUR FAVORIET TIME IS

_____

_____

_____

_____

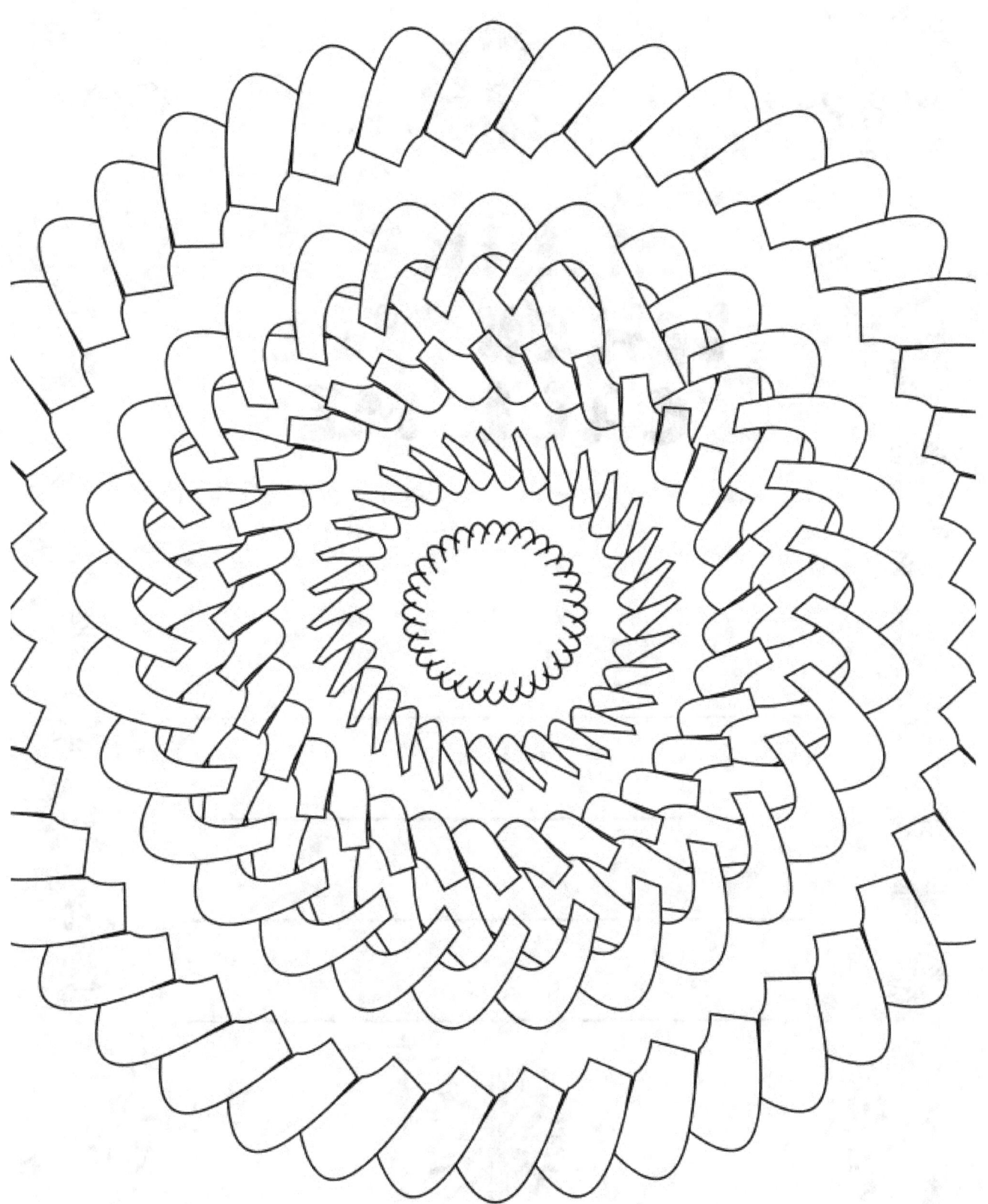

I LIKE WHEN YOU CALL ME

_____

_____

_____

_____

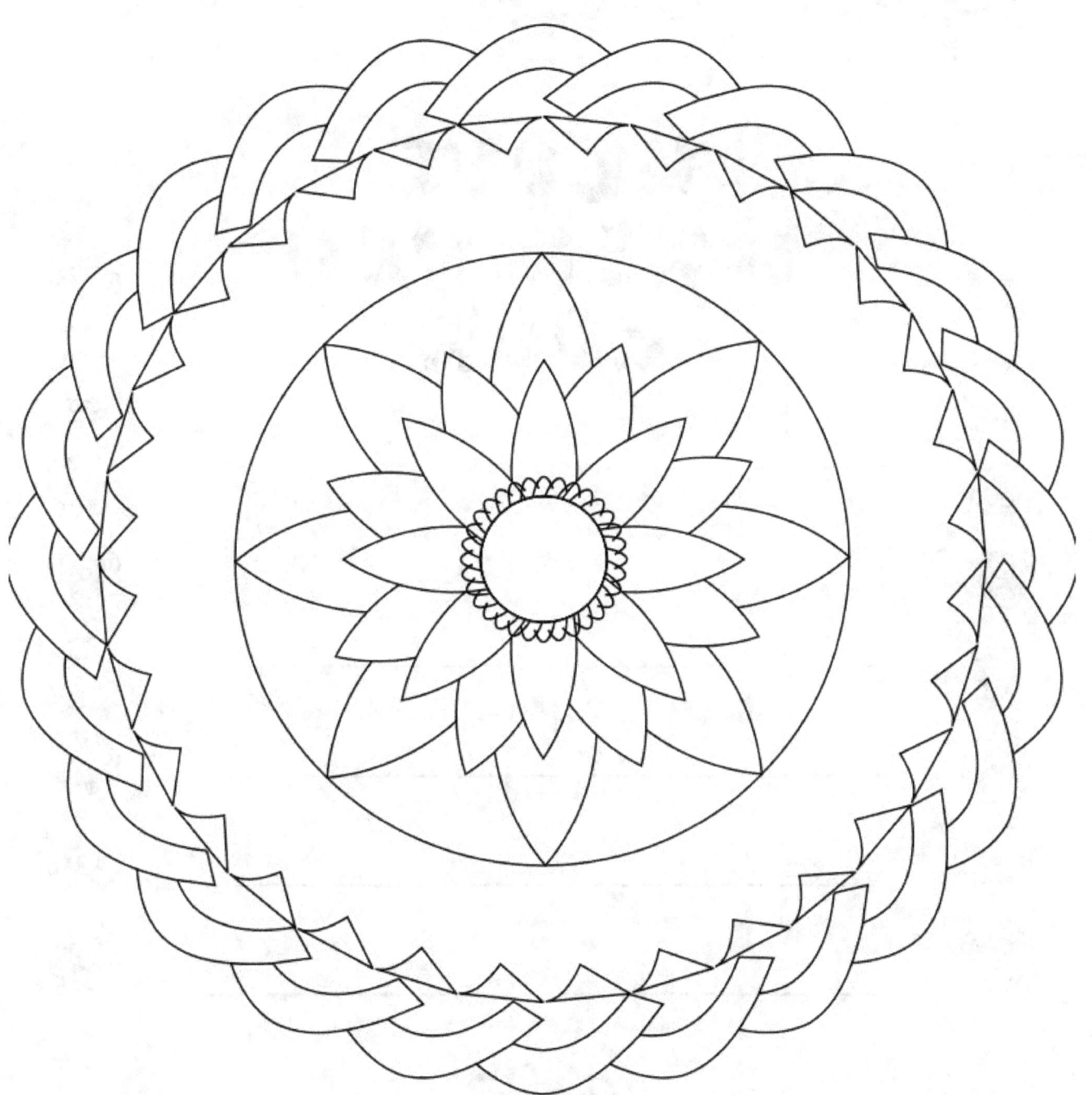

I LOVE WHEN YOU COOK

_____

_____

_____

_____

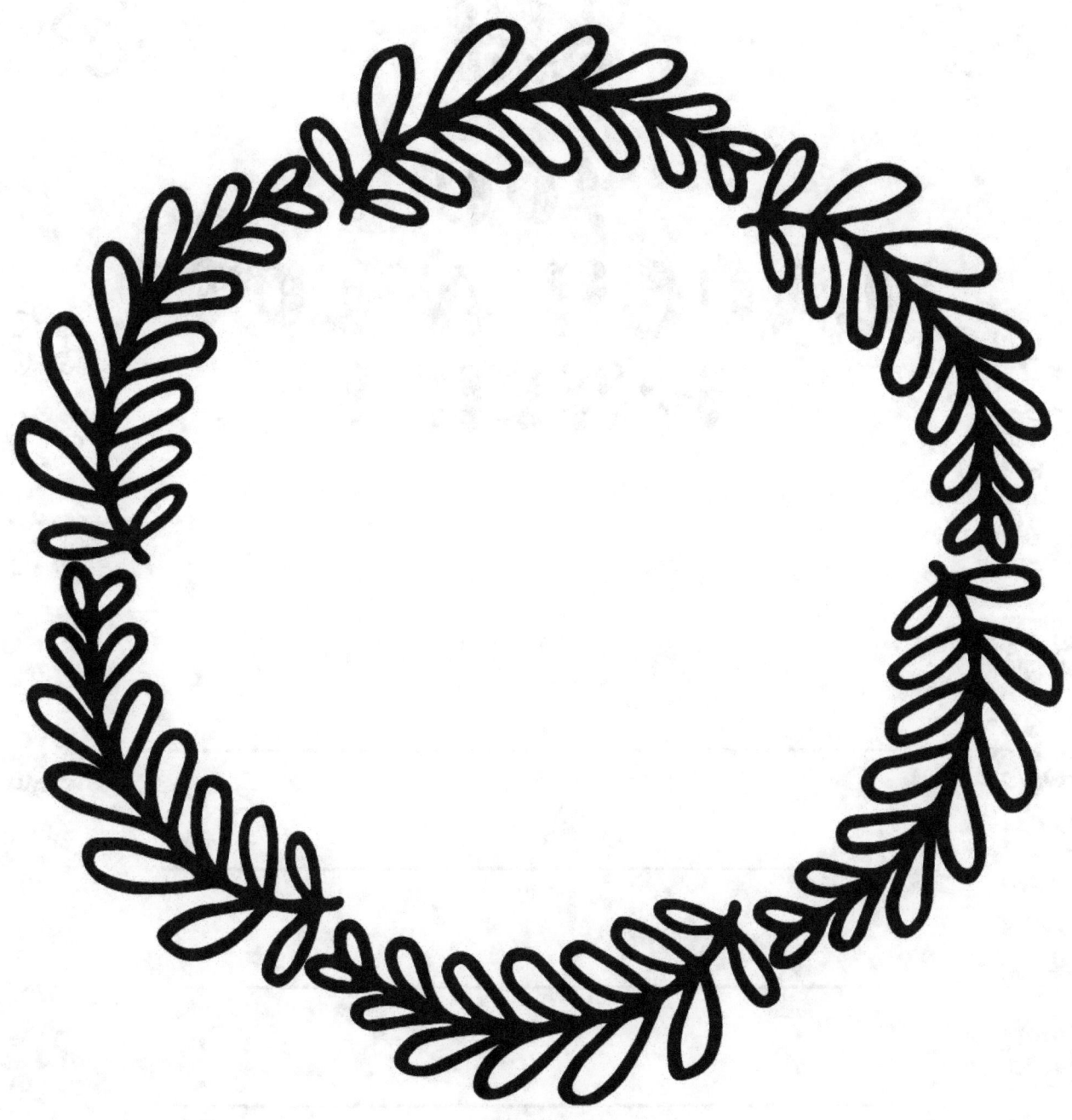

YOU LAUGH A LOT WHEN I

_____

_____

_____

_____

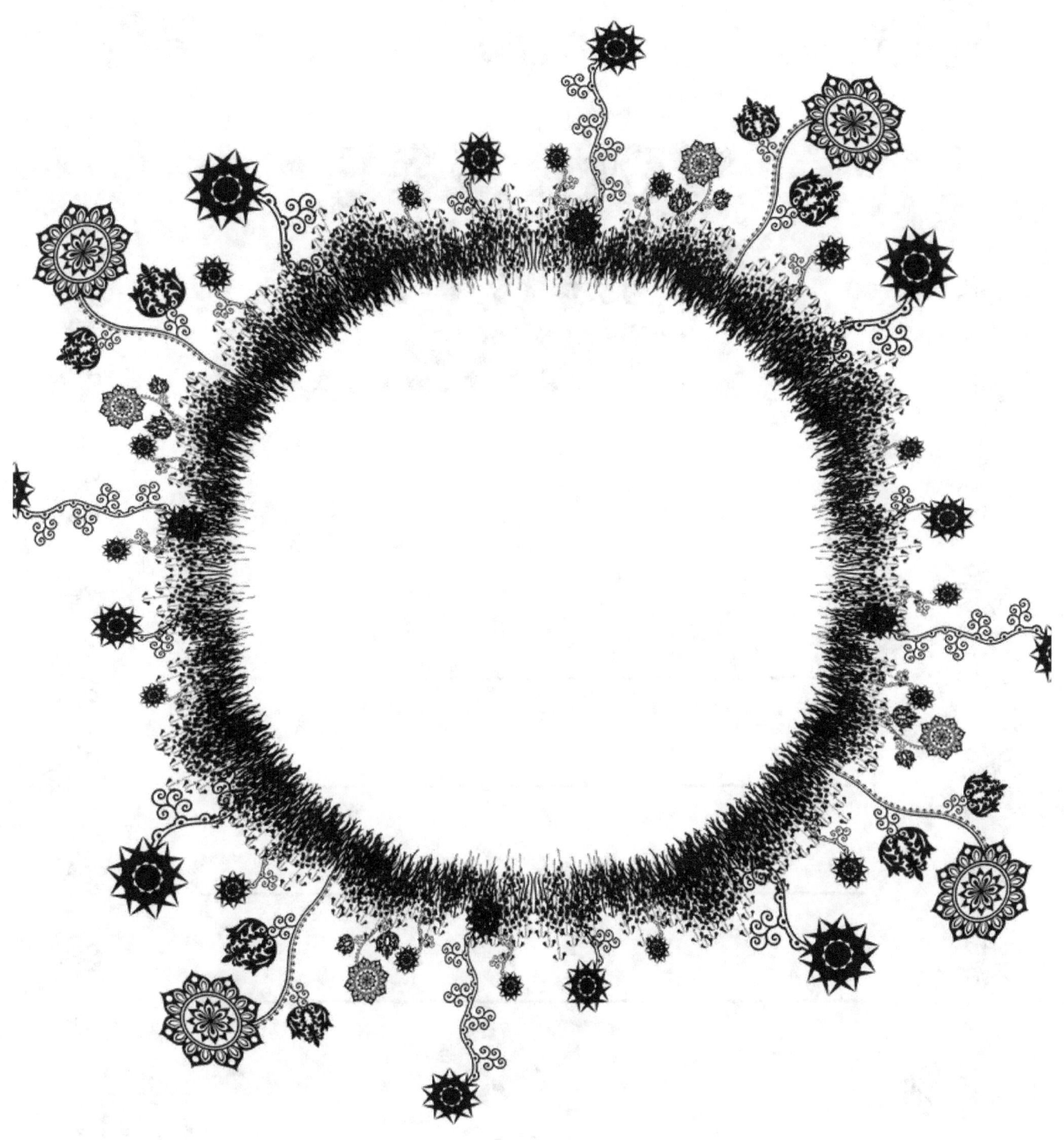

YOU ARE SMARTER THAN

_____

_____

_____

_____

 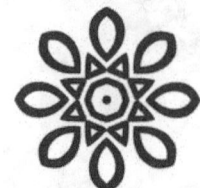 

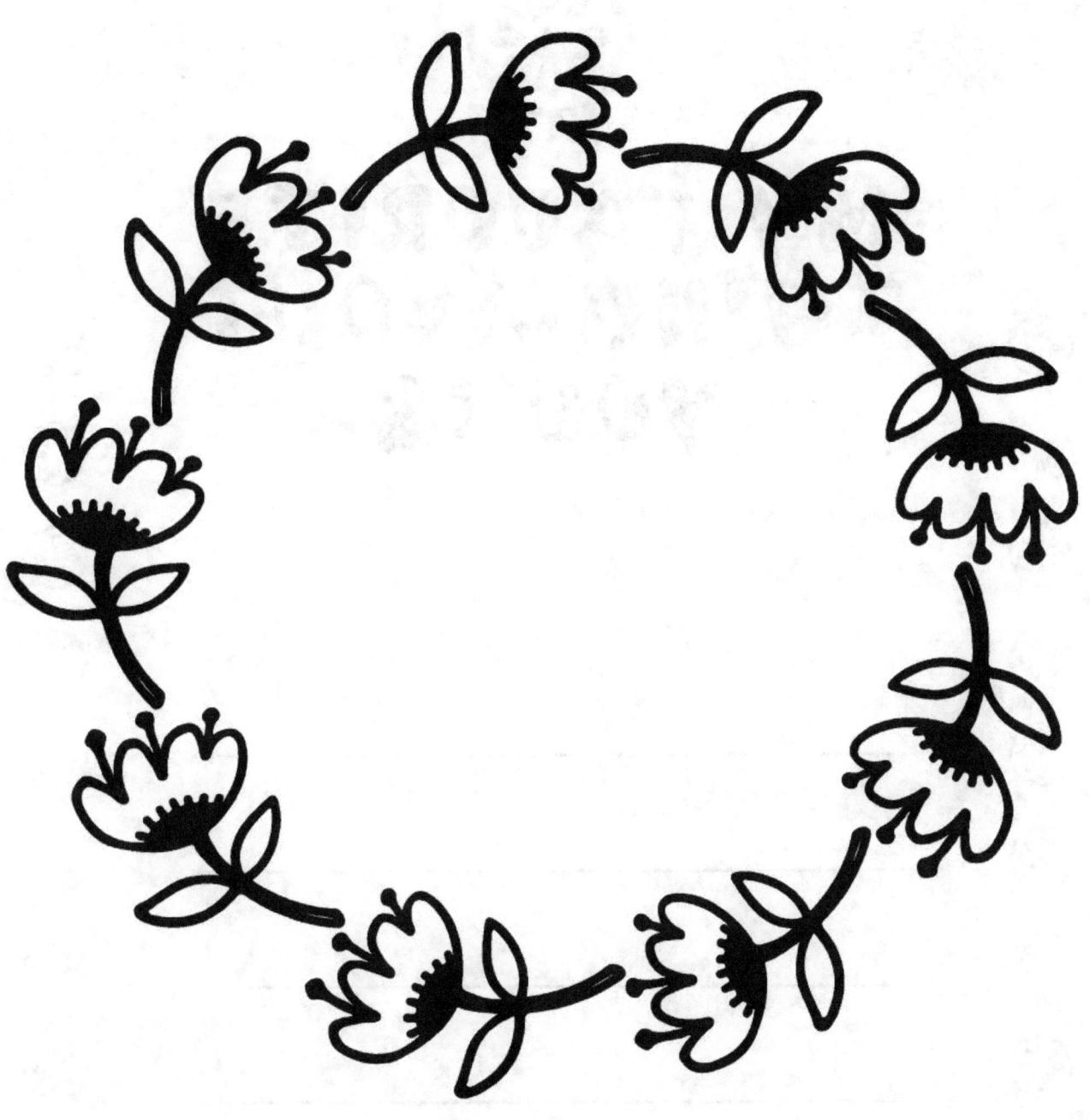

MY FAVORITE THING ABOUT YOU IS

_____

_____

_____

_____

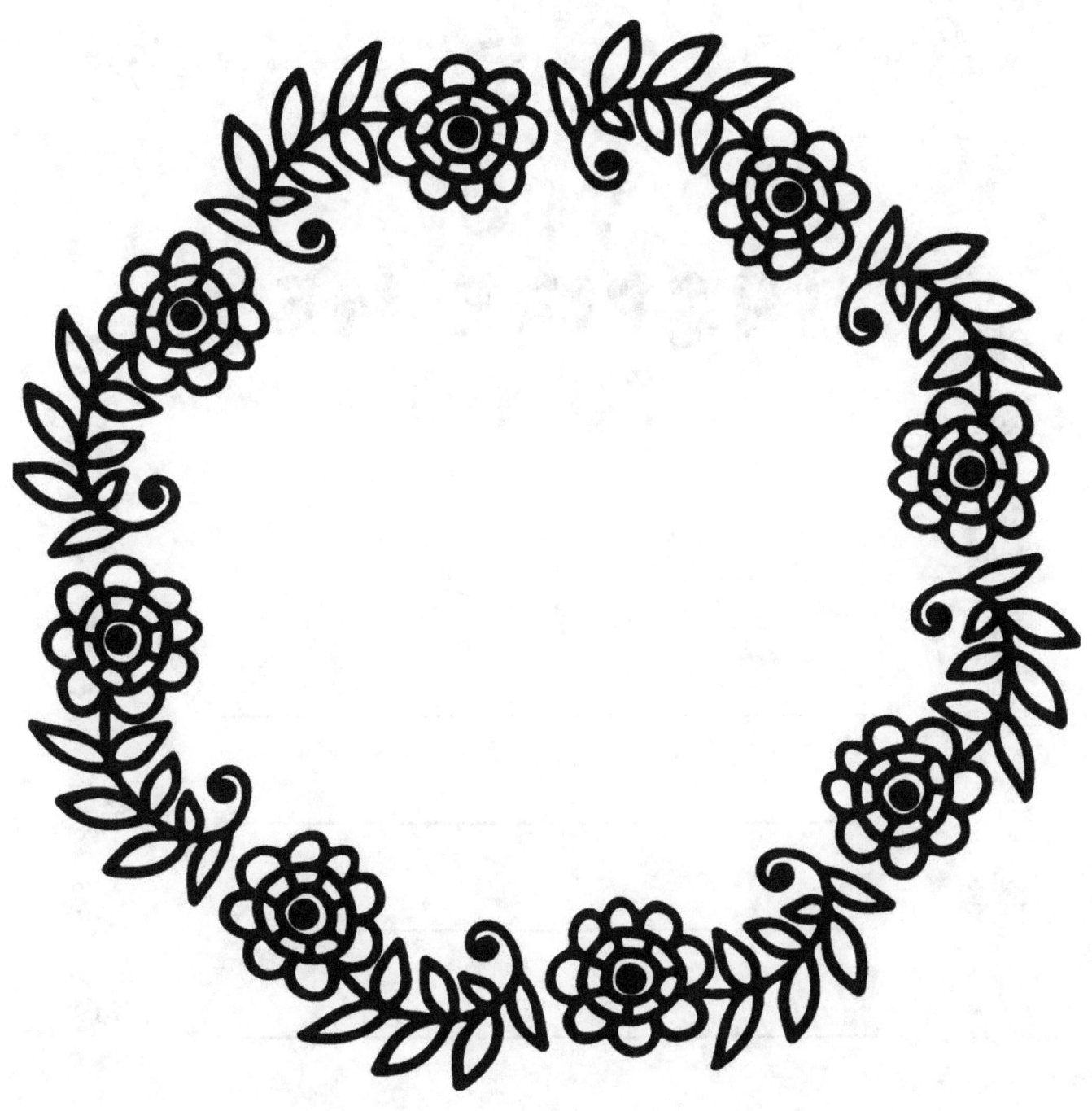

YOU INSPIRE ME TO DO

_____

_____

_____

_____

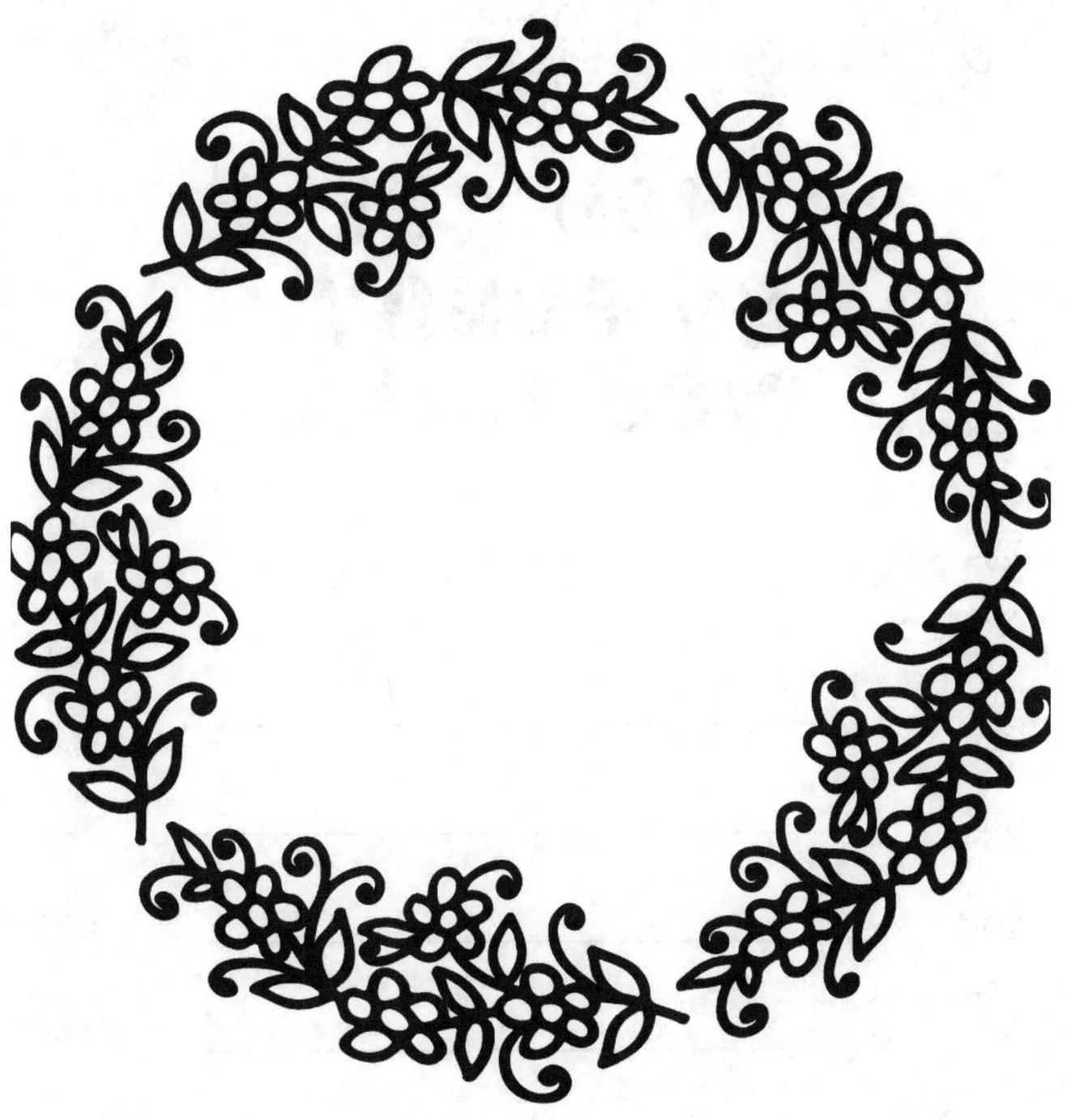

 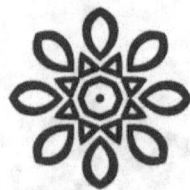 

YOU ARE SO FUNNY, YOU MAKE

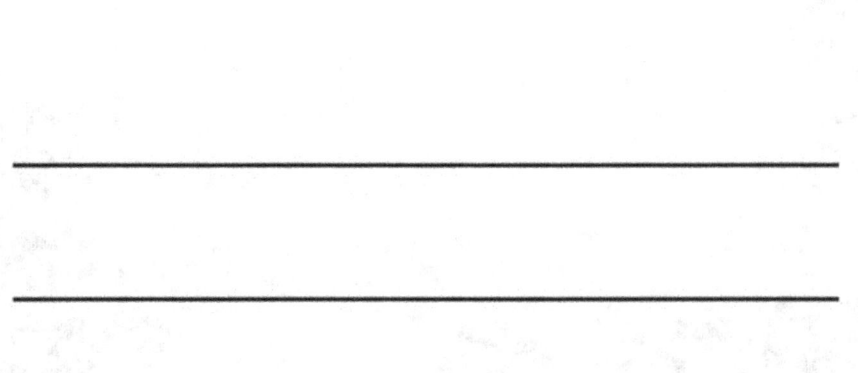

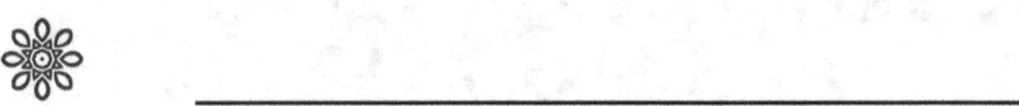

_____

_____

_____

_____

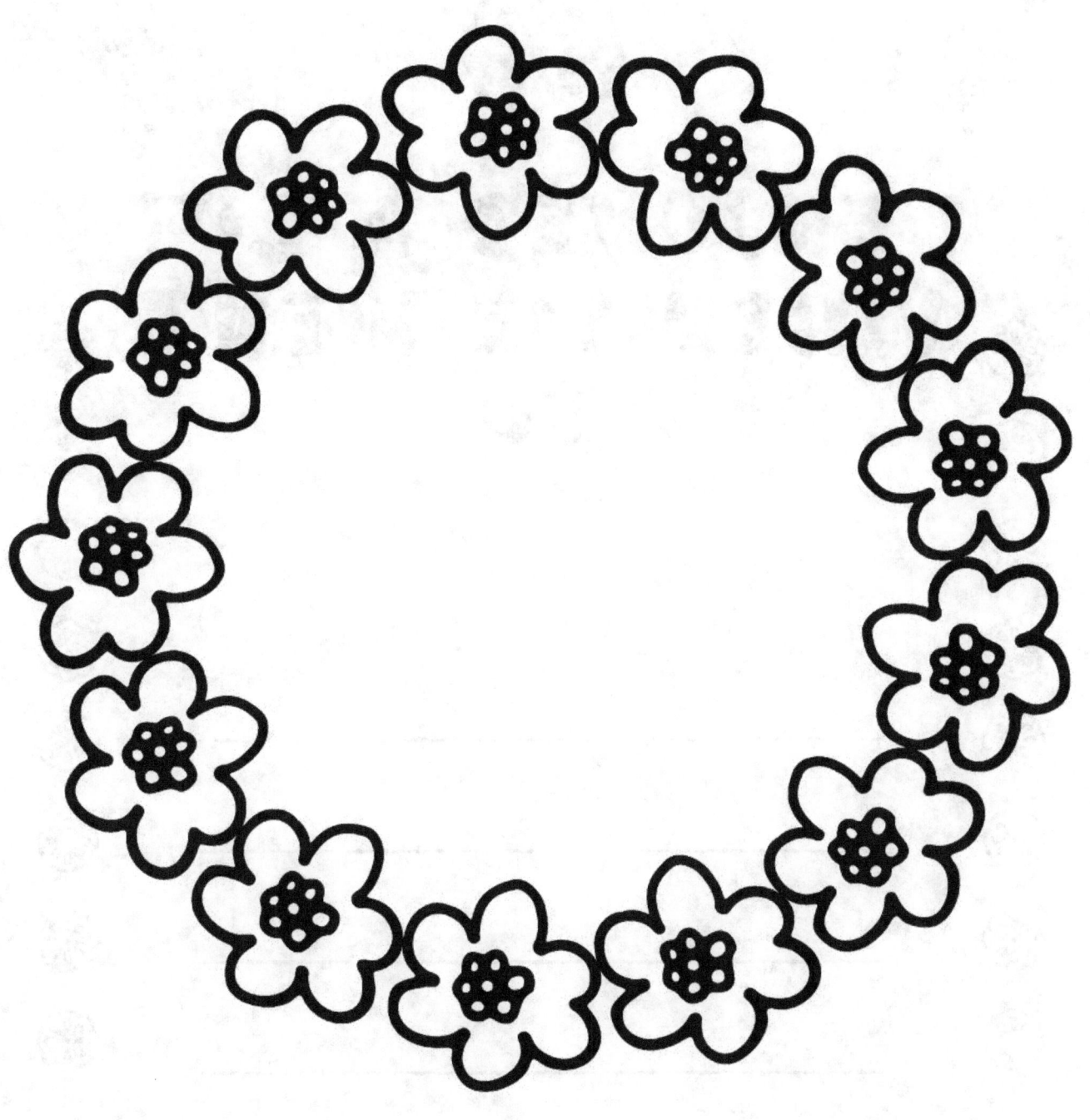

I ENJOYED A LOT WHEN WE WENT TO

_____

_____

_____

_____

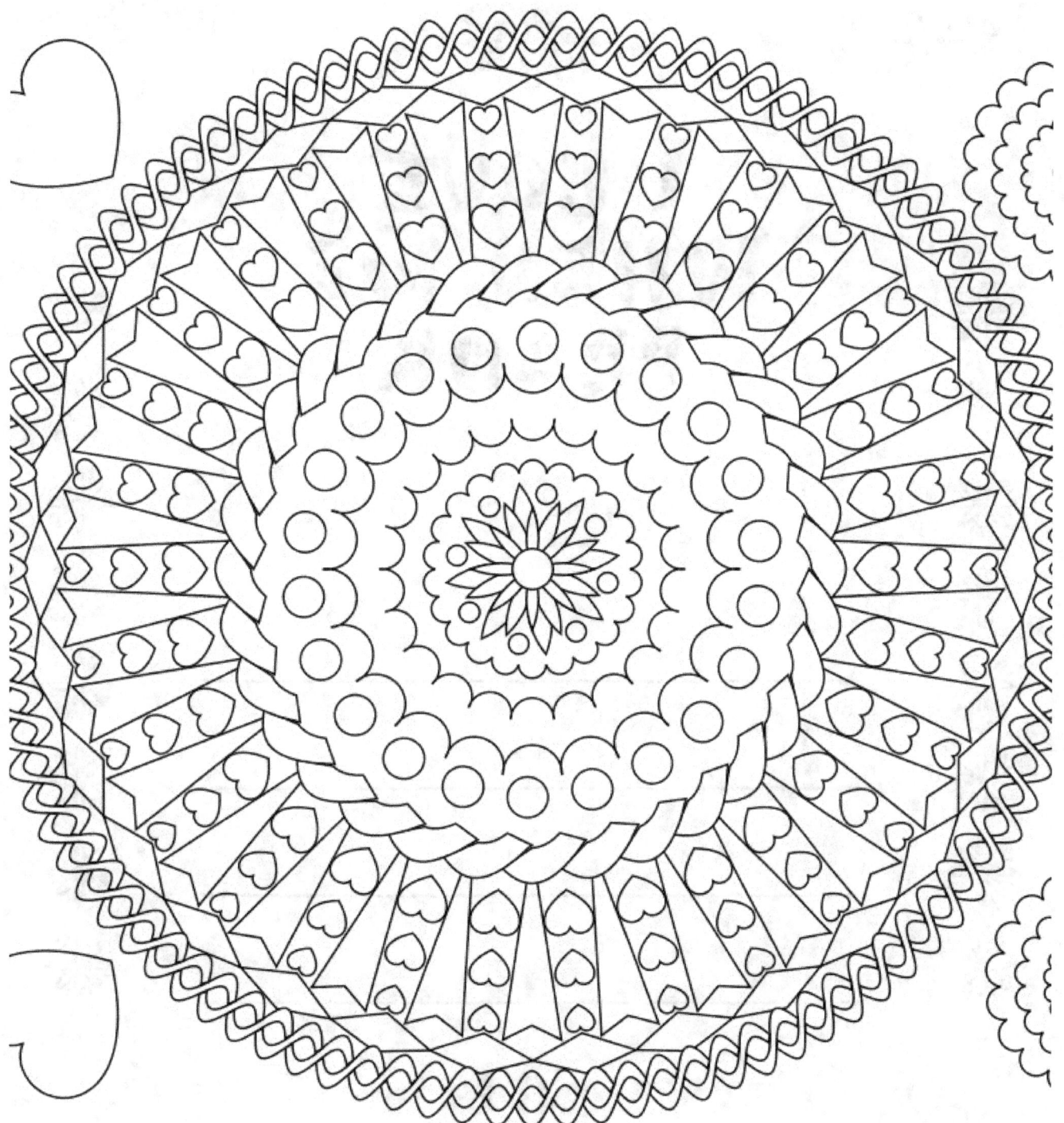

I LOVE WHEN WE PRANK

_____

_____

_____

_____

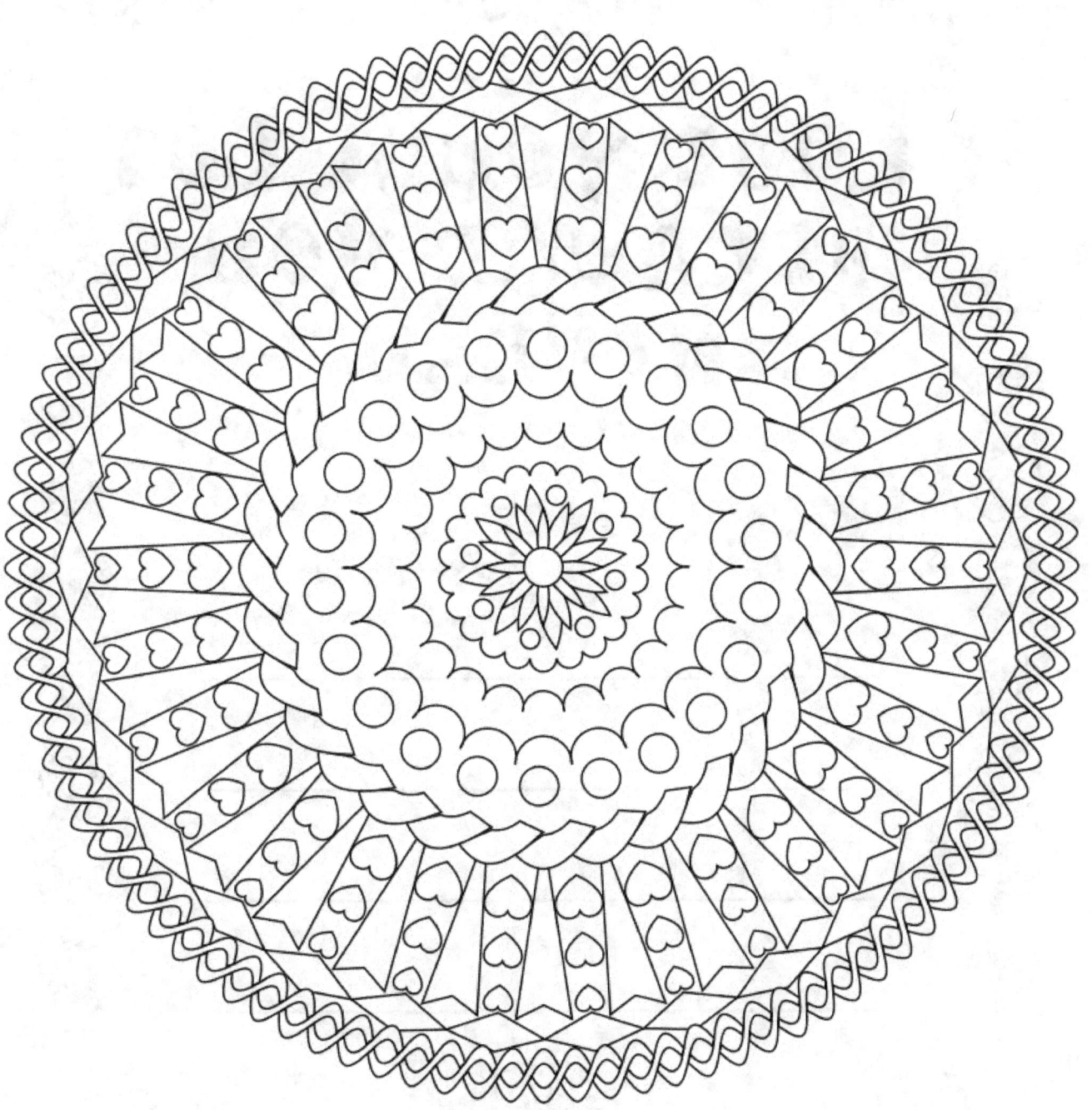

I LOVE YOU A LOT BECAUSE YOU NEVERU

_____

_____

_____

_____

 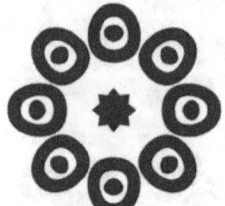 

FUNNIEST THING YOU DO IS

_____

_____

_____

_____

 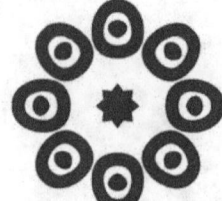 

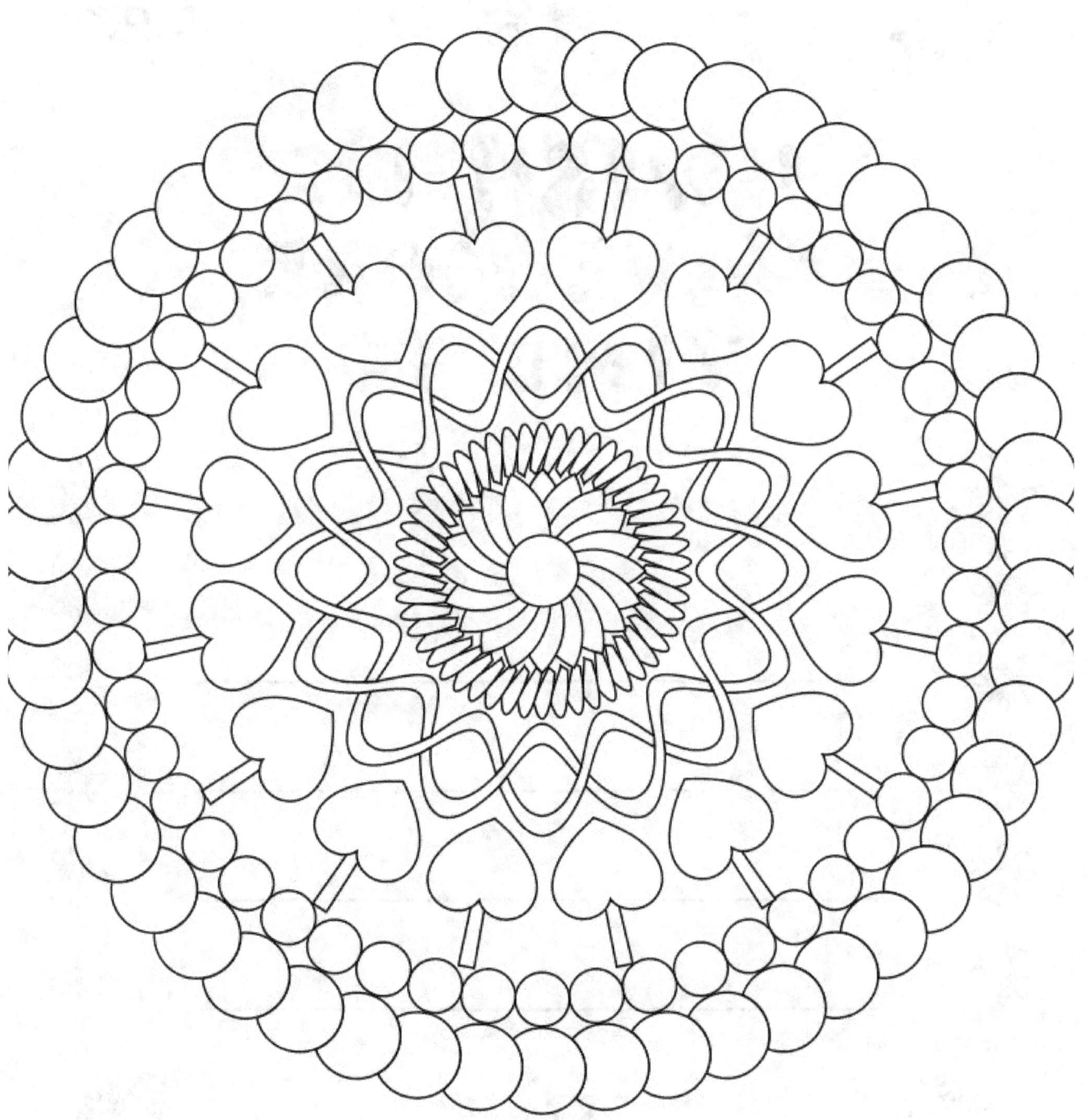

 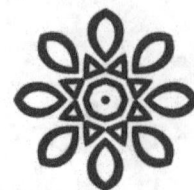 

I WISH WE HAVE MORE TIME TO

_____

_____

_____

_____

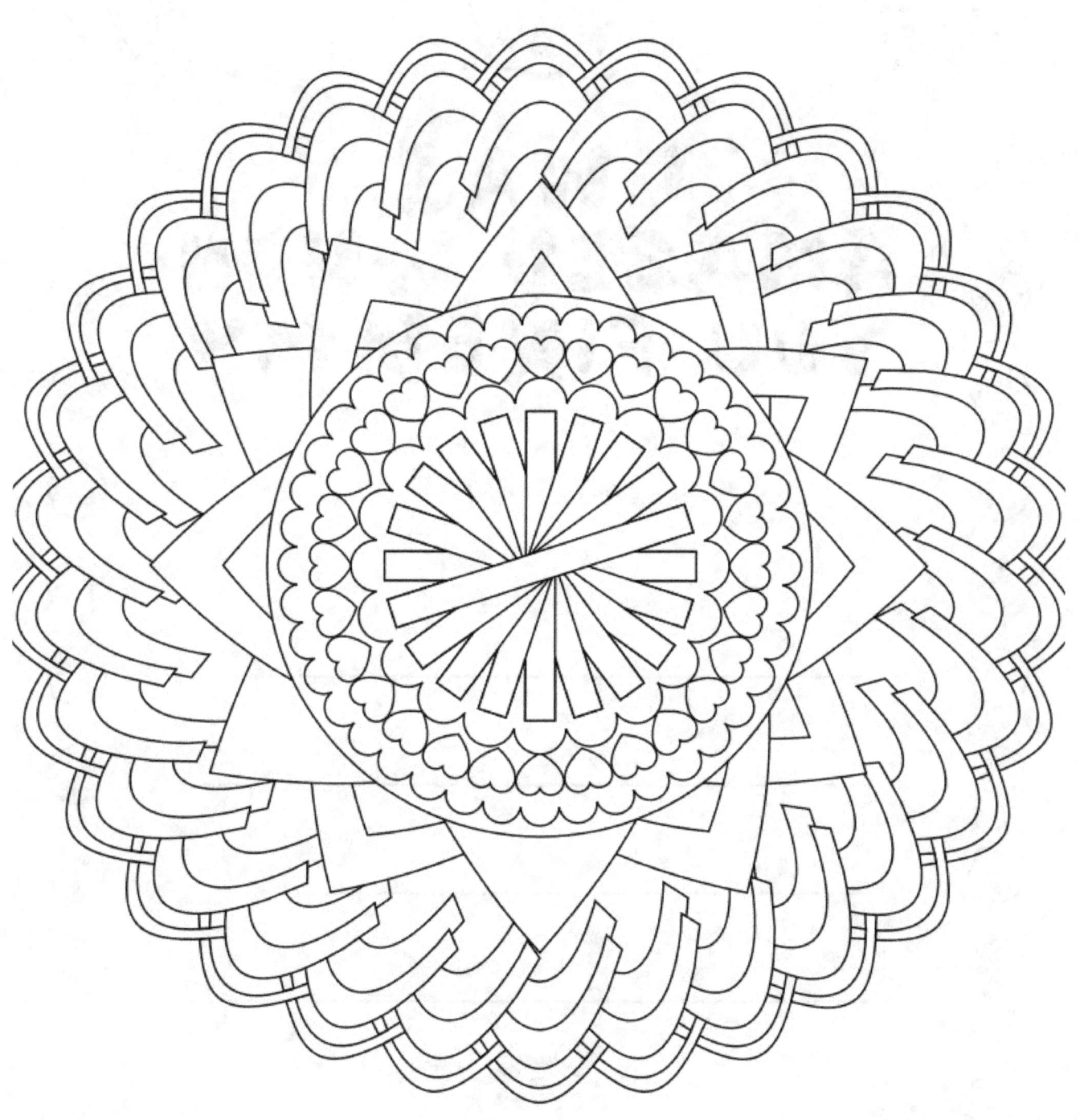

I WAS AMAZED WHEN YOU FIXED MY

_____

_____

_____

_____

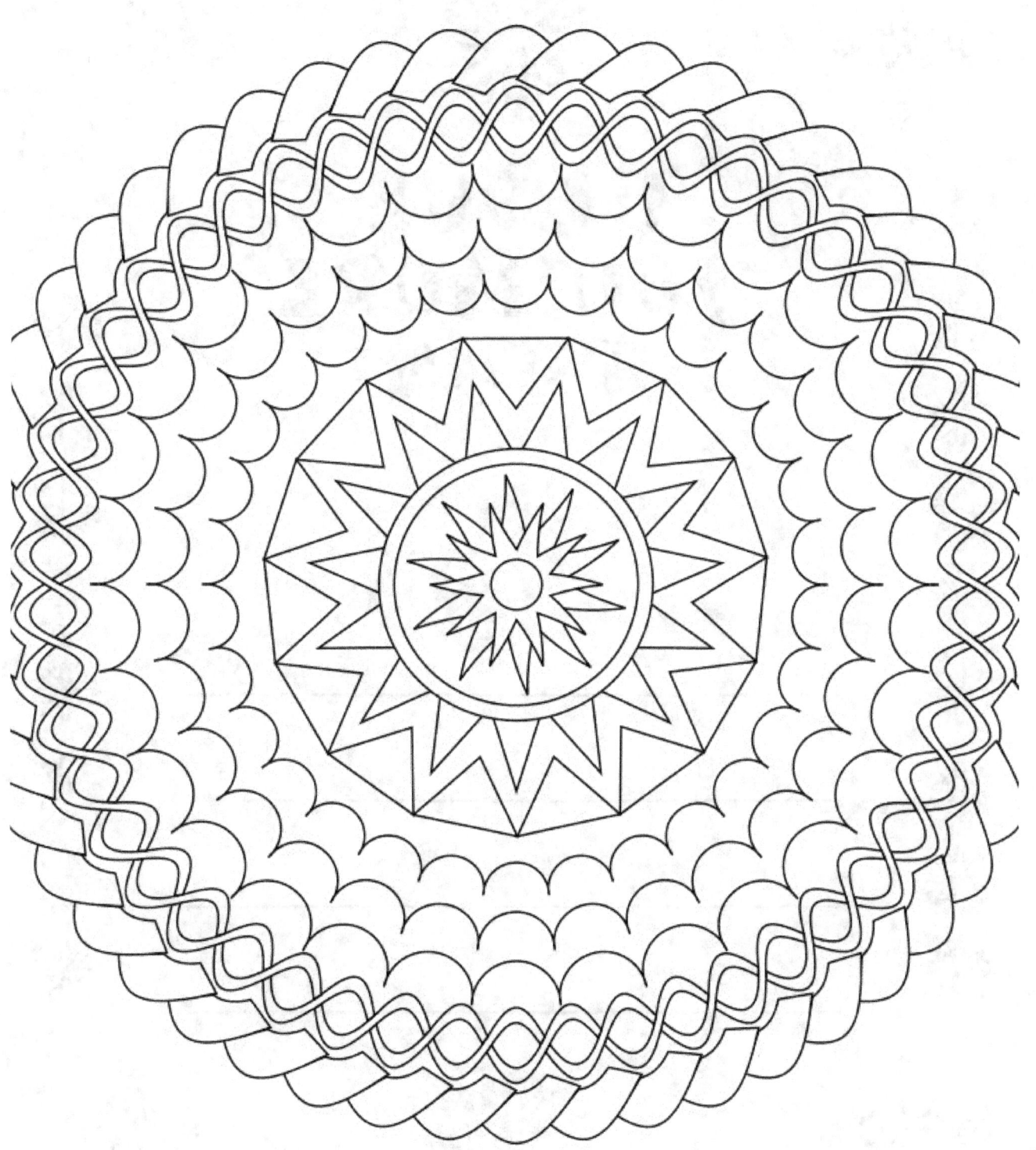

I LOVE YOU MORE THAN

_____

_____

_____

_____

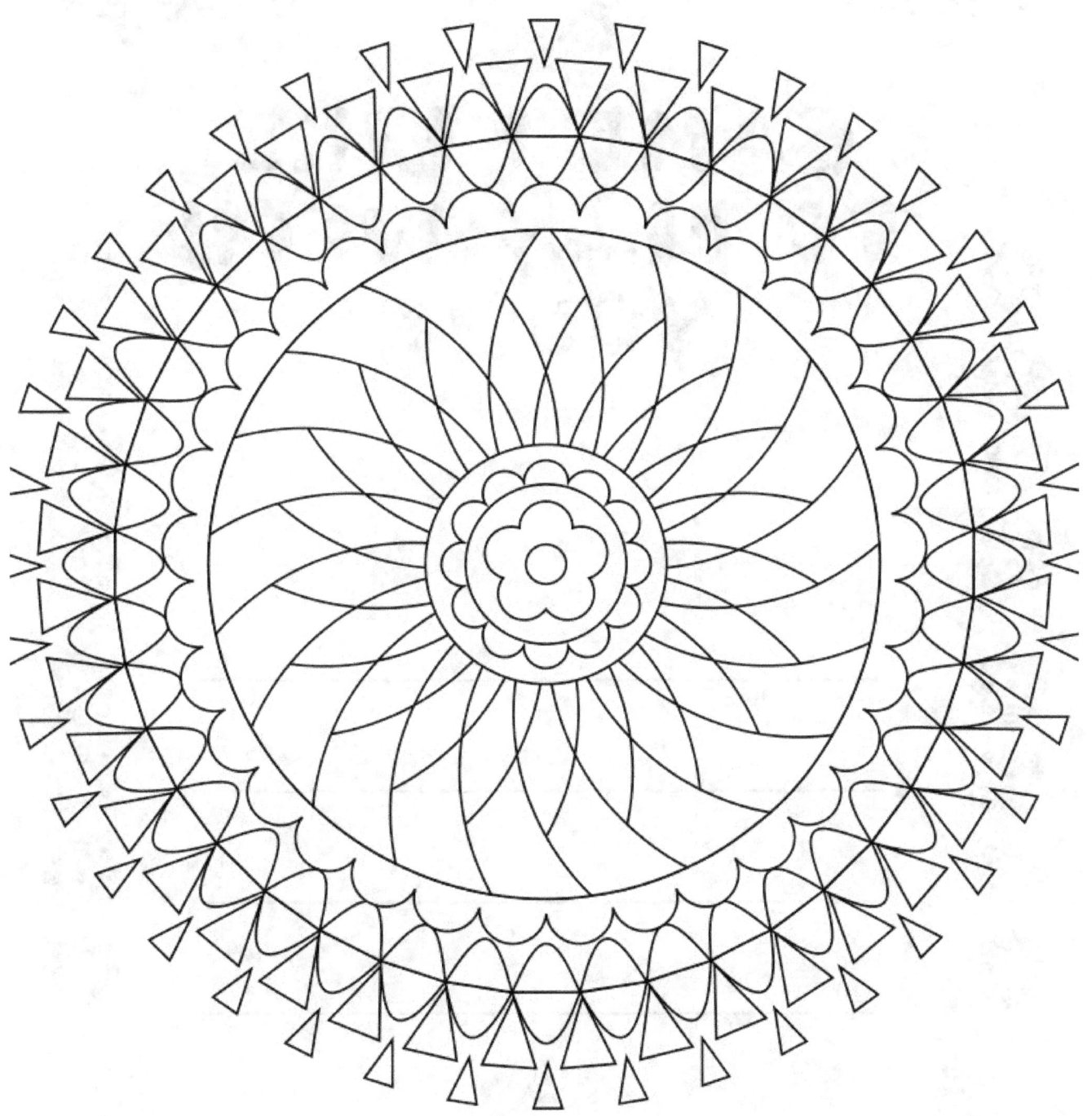

 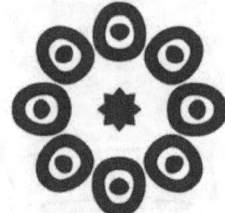 

GAME I LIKE TO PLAY WITH YOU IS

_____

_____

_____

_____

 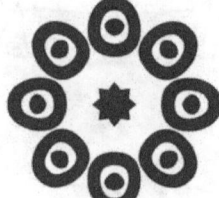 

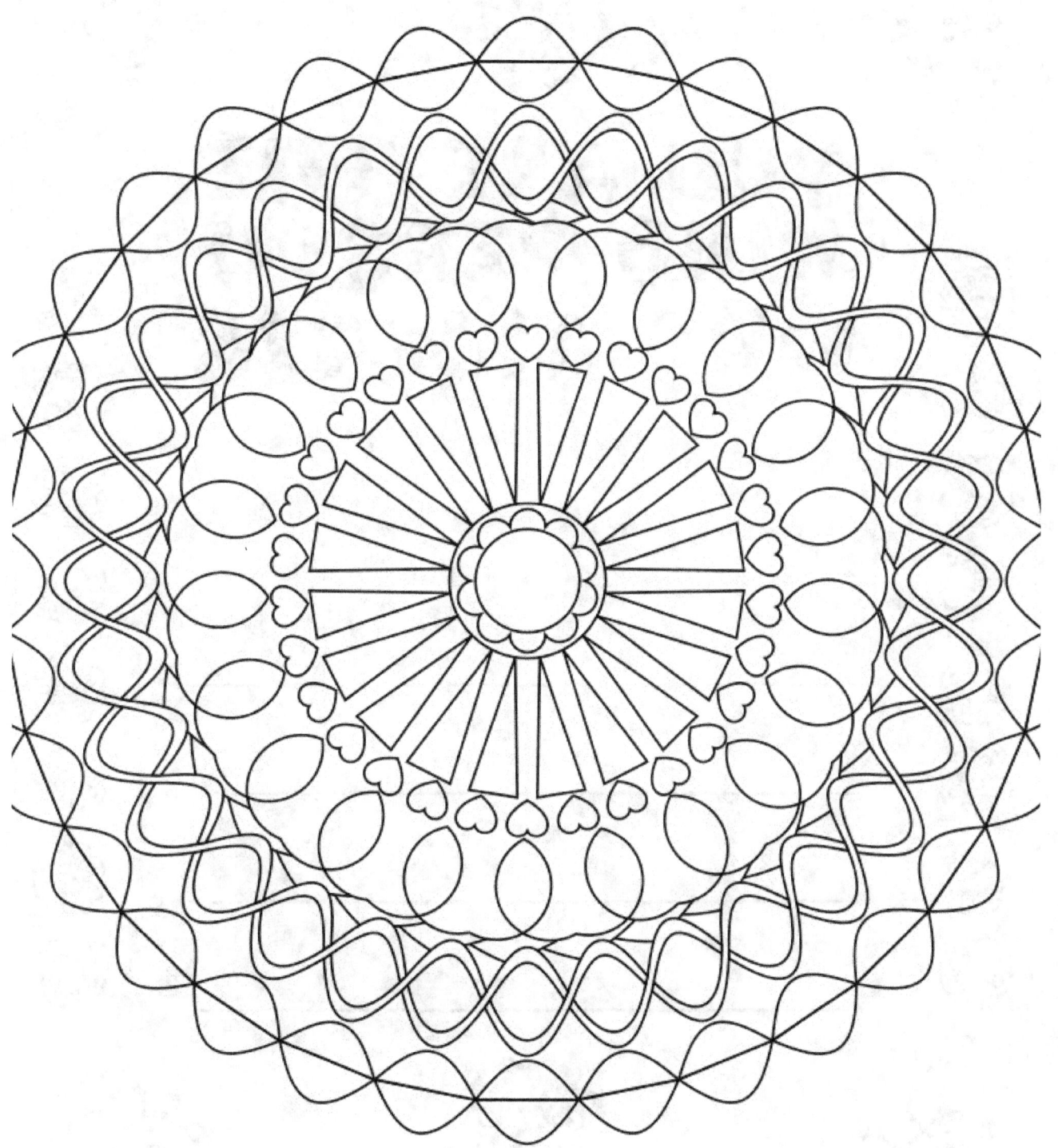

YOU ARE THE KIND PERSON WHO ALWAYS

_____

_____

_____

_____